Franziska Krattinger

Woran
Pechvögel
hängen und worauf
Glückspilze
aufbauen

Alles beginnt klein und endet groß

IIIIIIIIIIIIIIIIIIIIIIIIIIIIIII SILBERSCHNUR  VERLAG

© Copyright Verlag »Die Silberschnur« GmbH
Erstauflage erschienen 2003, unter dem Titel »Woran Pechvögel hängen und worauf Glückskinder aufbauen«, unter der ISBN 3-89845-048-1

ISBN: 978-3-89845-467-4
1. Auflage 2015

Gestaltung & Satz: XPresentation, Güllesheim
Umschlaggestaltung: XPresentation, Güllesheim; unter Verwendung eines Motivs von © JiSign, www.fotolia.de
Druck: Finidr, s.r.o. Cesky Tesin

Verlag »Die Silberschnur« GmbH · Steinstr. 1 · 56593 Güllesheim
www.silberschnur.de · E-Mail: info@silberschnur.de

Die Ehre an dir
ist die Aufmerksamkeit von mir!
So wird die Aufmerksamkeit an dir
zur Ehre von mir!

Inhaltsverzeichnis

Der Gedanke gibt dem Leben die Form!

Das Gefühl gibt der Form das Leben!

Vorwort

Jeder Mensch ist seines Glückes Schmied, sagt man. Demzufolge sollte es ein Leichtes sein, dass jeder Mensch sein Glück findet. Doch mit dem Glück ist es so eine Sache.

Menschen suchen Glück in der Liebe, sie hoffen auf das Glück im Spiel und warten auf die glücklichen Zufälle des Lebens. Viele Menschen suchen ihr Glück ein ganzes Leben und finden es trotz intensiver Suche nicht. Das Glück liegt so nahe. Glück ist eine geistige Einstellung und wurzelt in der inneren Wahrnehmungsfähigkeit. Menschen streben nach Dingen, von denen sie glauben, sie würden sie glücklich machen. Äußerlichkeiten werden das Glück kaum auf Dauer absichern. Menschen wird Glück versprochen, wenn sie bestimmte Dinge tun, besitzen und anstreben. Doch durch Versprechungen ist noch keiner richtig glücklich geworden. Über Glück muss man gründlich nachdenken.

Andere Menschen haben ihr Glück gefunden, doch die Angst, das Glück wieder zu verlieren, ist so stark, dass sie ihr Glück nicht genießen können. Glück ist eine bewusste Sache.

Oftmals erkennen die Menschen ihr Glück erst, wenn sie das Unglück anderer sehen. (»Ich bin glücklich, dass ich gesund bin! Ich bin glücklich, dass ich an einem Ort wohne, an dem kein Krieg herrscht! Ich bin glücklich, dass ich jeden Tag sicher leben kann!« usw.)

Glücklich ist derjenige, der sein Glück auch erkennt. Menschen wünschen einander Glück. Doch viele Glückwünsche werden von unterbewusster Skepsis und Zweifeln begleitet.Viele Menschen können ihr Glück nicht fassen, da sie nie verstanden haben, was ihr Glück bestimmen könnte. Jeder Mensch bestimmt selbst, wie viel Glück er in seinem Leben zulässt.

Als Glücksritter bezeichnet man die Menschen, die das Glück überall außerhalb von sich selbst suchen und die ihr Leben der Suche nach dem Glück gewidmet haben.

Ein Glückspilz ist ein einfacher Mensch, der aus dem Nichts heraus sein Glück findet. Glückspilze haben immer Glück, weil sie die Saat zum Glücklichsein in sich tragen.

Auf dem Weg der spirituellen Entwicklung ist ein großes Ziel, die Ebene der Glückseligkeit zu erreichen. In dieser Ebene ist Glück nicht zu beschreiben, sondern es ist ganz einfach!

Dieses kleine Buch soll mithelfen, dass Menschen ihr Glück erkennen, begreifen und genießen lernen. Es soll allen Menschen helfen, ihr Glück durch ihr Dasein zu erfassen und zu erkennen, dass Glück im eigenen Denken entsteht.

Erkennt man sein Glück, hat man einen Teil seiner inneren Kraft gefunden. Wer sein Glück JETZT erkennt und begreift, wird noch viele glückliche Momente erleben. Glück kann ansteckend sein und ist jedem zu wünschen.

Ich wünsche allen Menschen, dass sie ihr Glück begreifen und erleben und dass sich ihr Glück weiter steigert, sodass wir unser Glück miteinander teilen können und Glück gemeinsam vermehren.

Danke.

Damit wir unser Glück
auch wirklich begreifen können ...

... eine Erklärung der
Schöpfung ...

Das Leben im Anfang ...

Im Ursprung ist alles nur Gedanke! Gedanke ist unendlicher Gott. Der Vater ist unendlicher Gott, der sich in Liebe in jeder Schöpfung selbst betrachtet. Gott ist Ursache in allen Dingen.

Wie die Schöpfung entstand, entsteht und wie sie immer weiter besteht ...

Gott (Vater aller Gedanken)

Der große Gedanke (Gott-Vater) war (und ist) »einfach«, unendlich, unbeschränkt und unvorstellbar. Nun begann der Gedanke über sich selbst nachzudenken. Der große Gedanke dachte über sich nach und betrachtete sich dabei selbst. Durch die Selbstbetrachtung entstand die Liebe zu sich selbst (Selbstliebe, Eigenliebe). Der Gedanke hatte durch die Liebe seine Partnerin gefunden. Die Liebe (Gott-Mutter) gab und gibt dem Gedanken (Gott-Vater) das Leben. Gott liebte, was er sah; er liebte sich selbst und tut dies ewig weiter. Der große Gedanke hatte seine Partnerin – die Liebe – gefunden, die nun seiner geistigen

Form Leben schenkte. Die Liebe war geboren; das Leben war geboren. Dies war der Anfang der Schöpfung. Schöpfung ist unendliche Fülle. Die Liebe ist die Kraft im Universum, die allen Schöpfungen Leben einhaucht und der Leim, der alle Schöpfungen miteinander verbindet. Aus jedem Gefühl werden neue Schöpfungen geboren. Durch die Verbindung und Vereinigung von Gedanke und Gefühl entsteht (neue) Realität. Die so geborene Realität bezeichnet man als Gott-Sohn oder (auf der materiellen Ebene) Gott-Mensch. Gott-Sohn ist erweiterter Vater; der Vater hat sich durch den Sohn ausgedehnt. Kind ist erweiterte Schöpfung. »Gott« dehnt sich fortlaufend aus. In diesem ersten Schöpfungsprozess wurden die Götter geboren. Die Götter haben die gleiche Schöpfungskraft wie ihr (Ursprungs-) Vater. So ist der Vater durch seine »Söhne« in allen weiteren Schöpfungen enthalten.

Der »Vater« teilte sich in unzählige Einheiten. Die große Einheit, aus der alles entsteht, ist die Ewigkeit Gottes. In diesem Schöpfungsvorgang betrachtet Gott-Vater seine Söhne und Töchter, also seine Kinder, und die Liebe zu ihnen ist unendlich. Durch die göttliche Liebe bleiben alle Schöpfungen bewusst *und* unbewusst miteinander verbunden. Die große, unendliche, uneingeschränkte Liebe des Vaters erlaubt allen Göttern zu sein, was immer *sie* entscheiden zu sein. Der »Vater« kennt keine Wertungen, Begrenzungen und Beurteilungen. Der Vater aller Schöpfungen ist einfach und lässt alles zu und liebt alles, was ist. So ist Gott, der Vater aller Seins-Zustände, zu jeder Zeit mit allem in Liebe verbunden. Unser Leben ist auf eine Art und Weise das große Experiment Gottes. Gott und seine Liebe sterben niemals und leben ewiglich weiter. Jeder Gott-Mensch hat durch die eigene Denkkraft selbst die Wahl zu entscheiden, was in seiner Realität entstehen soll und wie er diese Realität gefühlsmäßig erleben will (Urteil). Jeder Gott hat auch immer die Wahl zu entscheiden, wie viel Liebe, also wie viel Leben er zulässt. Die Liebe Gottes ist dem Menschen immer gewiss, selbst wenn dieser nicht in der Lage ist, dies zu erkennen. Die Liebe des Vaters ist immer da, bis in alle Ewigkeit. Jeder einzelne Gott hat durch die Kraft der Gedanken und durch die Macht seiner Gefühle die Fähigkeit erhalten, selbst zu entscheiden, was er will und was er in seinem Leben erlaubt, zu sein.

Alle Realitäten, die existieren, sind aus dem großen Gedanken entstanden. Der Vater im Menschen ist der Gedanke und so ist Gott in allen Gedanken – in jeder Art von Sein. Alles ist Gott und folglich sind wir *alle* Gott. Alle Schöpfungen sind Gottes Geschöpfe. In allem ist alles enthalten. So zeigt sich die göttliche Kraft durch die unendlichen Gedanken, die schlussendlich in einer sichtbaren Realität enden, resp. sich fortsetzen. Das Denken ist unendlich – Gott-Vater ist unendlich. Jeder Mensch ist frei zu denken, was immer er will. Die Freiheit der Gedanken ist grenzenlos.

Aus dem unbegrenzten Gedanken wächst die Schöpfung unendlich, immer und immer und immer. Die Schöpfung dehnt sich laufend aus! Die Schöpfung kennt keine Leere, sondern sie ist unbeschränkte Fülle. Leere ist eine Entscheidung der Menschen. Gott ist Bewusstsein, das keine Grenzen, kein Ende und keine Beschränkung kennt. Gott ist Bewusstsein, das in keiner Zeit gefangen ist!

Der Sturz der Götter

Die ursprünglichen Götter verfügten, resp. verfügen über die gleiche Schöpfungsmacht / Erschaffenskraft wie ihr Ursprungsvater. Jeder Gott hatte sozusagen die *Voll*-macht Gottes. Die Götter begannen, sich ihre Welt zu er-schaffen. Sie inspirierten sich gegenseitig und spornten sich in ihrem Schaffen gegenseitig an. Sie lebten gemeinsam in ihrer geschaffenen Welt. Sie leben bis heute in der Welt Gottes. Sie schufen und erschufen gemeinsam immer wei-tere Welten, resp. Realitäten. So z. B. auch die Erde. Auf der irdischen Ebene nannte man die Götter Gott-Menschen (Mensch = materialisierter Gott). Doch eines Tages began-nen einzelne Götter danach zu trachten, anderen Göttern ihre Kraft »abzunehmen«. Alles begann harmlos. Die macht-gierigen Götter sagten zu den anderen Göttern: »Warte! Lasse dich überraschen, ich denke für dich, du kannst alles mir überlassen! Ich nehme dir alles ab! Du brauchst gar nichts zu tun!« »Man« wartete und ließ sich überraschen.

Durch das Warten begann die Passivität. Mit der Zeit vergaßen die beschenkten Götter, dass sie selbst Gott waren und sie blieben dadurch in ihrem Mensch-Sein ge-fangen. Nun waren sie also anstatt Gott-Menschen nur noch Menschen. Viele Gott Menschen gaben so ihre geistige

Macht an *einen* Gott ab. Sie überließen »ihrem« Gott die Verantwortung über die eigene Realität. Dadurch entmachteten sie sich selbst. Sie gaben sozusagen ihren Geist ab und verloren die Erinnerung an ihre eigene Schöpfungskraft. Durch die geistige Passivität schwand ihre geistige Kraft zusehends. Sie verloren den bewussten Zugang zu ihrem eigenen Gott-Sein, ja sie verloren ihre geistige Orientierung. Durch das Warten war nun der Mangel geboren worden. Nun waren die Menschen auf die Hilfe ihres Gottes angewiesen. Sie bettelten oder soll man sagen, sie beteten ihren Gott an, er möge sich ihrer erbarmen und ihnen geben, was ihnen fehlte. Doch der herrschsüchtige Gott ließ die Menschen warten; er kostete seine Macht aus. Die Menschen mussten »ihren« Gott gnädig stimmen, da sie auf dessen Hilfe angewiesen waren, denn ansonsten schienen sie verloren. Sie brauchten doch die geistige Kraft ihres Gottes, da sie sich ihrer eigenen Schöpfungskräfte nicht mehr bewusst waren. Durch den Verlust ihrer geistigen Kraft konnten sie auch nichts mehr schaffen. War ihr Gott zornig, so ließ er die Hilfe suchenden Menschen warten. In solchen Momenten versuchten die Menschen, ihren Gott gnädig zu stimmen und brachten ihm Opfer dar. Da sie selbst Opfer waren, schienen sie nichts zu besitzen, also opferten sie sich selbst. Sie fürchteten die Launen »ihres« Gottes. Die Menschen waren nichts ohne ihren Gott.

Nimmt man Menschen das Denken ab, entmachtet man sie. Sie vergessen, dass sie selbst in der Lage sind, geistig schöpferisch zu sein.

Da alles aus den Gedanken hervorgeht, sind Menschen hilflos, wenn sie nicht mehr denken können.

Das Leben gibt uns viel zu denken!

Die menschlichen Götter
und »ihr« Gott

Die entmachteten Gott-Menschen verloren den Zugang zu ihrer Göttlichkeit und sie erinnerten sich nicht mehr an ihre eigene geistige Kraft. In Wahrheit verloren sie nicht wirklich ihre Schöpfungskraft, sondern sie waren bloß in einem zerstörerischen Denken gefangen. Durch den Verlust des eigenen, freien Denkvermögens verloren die Menschen ihre geistige Orientierungskraft und sie waren verwirrt, da sie nicht mehr wussten, wohin sie gehörten. Die Angst regierte nun ihre Gedanken. Sie lebten von nun an in der Angst vor Mangel. Sie waren nun Menschen, die einen bestimmten Gott verehrten, da ihr Glück davon abhing oder ihnen dies mindestens so vorkam. (Das Leben ist so, wie man es sich denkt.) Doch nicht jeder betete – oder soll man sagen bettelte – den gleichen Gott an. Jeder angebetete Gott hatte seine »eigenen« Untertanen, die von seiner Kraft abhängig waren. Die Menschen trauten ihrer eigenen Kraft nicht und mussten nun der Kraft eines anderen vertrauen. Diese Geisteshaltung schuf den Menschen ihren Alltag. Darin wurzelt das ewig wiederkehrende Misstrauen. Die göttliche Erinnerung war weg und zudem misstrauten sie auch noch dem eigenen Gefühl.

Sind die Gedanken schwach, ist auch das Gefühl schwach. Die entmachteten Götter waren so in ihrem Menschsein gefangen. Mensch sein heißt zweifeln, abhängig sein, seinem Gefühl nicht trauen können und in Verlustangst leben. Mensch sein ist materiell gefangen sein. Die Menschen haben das Gefühl, von Gott verlassen zu sein. Ihr Lebensglück ist vom Goodwill eines unsichtbaren Gottes abhängig. So glauben sie es zumindest.

Die Menschen traten die Verantwortung für ihr Lebensglück ab. Somit glaubten sie, sie wären an ihrem Unglück auch nicht schuld. Die Schuld für die Lebensmisere konnte nun einem »bestimmten« Gott zugewiesen werden. Dieser war schuld, wenn ihre Bitten trotz intensivem Beten nicht erhört wurden. Sie sagten, dein Wille geschehe; ich gebe mein Leben in deine Hände!

Wenn der Mensch wieder zum Gott wird ...

Erinnert sich jeder Mensch wieder daran, dass er sein Leben selbst – durch seine Gedanken und Gefühle – kreiert, so wird er sich seiner eigenen göttlichen Macht wieder bewusst. Jedoch zweifeln viele Menschen immer wieder an ihrer Kraft und Macht. Sie verlieren sehr schnell die Geduld mit sich selbst. Zweifel ist Trennung und zerstört die Einigkeit. Wer eins mit sich selbst ist, ist der wahre Herrscher. Und sind sich einzelne Menschen einig, so gibt es immer wieder andere zweifelnde Menschen, die Zwietracht säen, um die Einigkeit wieder zu zerstören.

Ist ein Mensch nicht mit seiner Idee und seinem Gefühl eins, so kann er seine Realität nicht wirklich bestimmen.

Bleiben Sie Ihrer Idee und Ihrem Gefühl treu, wenn Sie glauben, dass die daraus entstehende Realität lebenswert ist.

Jeder Mensch muss immer auch selbst in seiner geschaffenen Realität weiterleben. Schafft man eine Realität, die anderen Menschen schaden soll, so kommt man selbst zu Schaden. Schadenfreude bringt Schaden zurück. Strebt man Lebensqualität an, an der viele Menschen Freude haben, so schafft man sich viele Freunde und große Freude!

Jesus, Buddha und andere große Meister oder ein Vor-Bild als Erlöser

Wird sich der Mensch wieder seines *eigenen* ursprünglichen Gott-Seins bewusst, so beginnt er damit die Erlösung aus seiner menschlichen Qual. Der auferstandene Gott ist der Mensch, der wieder bewusst zum Gott-Sein zurückkehrt. Es ist sozusagen die Heimkehr zum Vater. Diese Rückkehr nennt man Christus-Prinzip oder man könnte es auch als Krist-All des Lebens bezeichnen. Kristall ist Gott in allem sein.

Jesus ist ein Meister, der vielen Menschen die Auferstehung vorgelebt hat. Er wollte mit seinem Tun andere Menschen anregen, es ihm gleichzutun. Doch viele Menschen fühlen sich nicht im Stande, selbst so großartig zu sein. So beten sie jemanden an, der nie angebetet werden wollte. Jesus sagte, was ich bin, seid ihr auch!

Sie sind großartig! Sie sind geliebt – unendlich! Lassen Sie Ihre eigene Großartigkeit wieder hervortreten. Lassen Sie die Liebe wieder zu jeder Zeit in Ihrem Leben sein.

Jesus, Buddha und wie sie alle genannt werden – die Erleuchteten – lehren die Menschen bis in die heutige Zeit, wie *alle* Menschen ihr Licht im Leben wieder finden können. Doch Menschen beten diese Meister an, anstatt sie wirklich und wahrhaftig zu verstehen und deren Lehren im alltäglichen Leben praktisch anzuwenden. Dazu muss man nicht in eine Kirche oder in einen Tempel gehen. Glück und Licht brauchen wir im Alltag! So nützen Lehren nur dann etwas, wenn wir diese in unserem Alltag »einbauen« und uns zu jeder Zeit unserer Göttlichkeit sowie unserer wahren Kraft und Macht bewusst sind.

Das Leben geht weiter ...

Das Leben setzt sich ewig fort. Unsere Taten haben immer Folgen. Das heutige Tun wird über das morgige Glück entscheiden. Unsere Gedanken und Gefühle prägen unseren Alltag, unseren Körper und unser Lebensbild. Wir erschaffen unsere Realität *immer* selbst und dürfen/müssen uns darin wieder selbst erleben.

Das Leben nach dem Tod ist genauso eine Fortsetzung. Stirbt ein Mensch, so legt er sein altes (materielles) Gewand ab und verlässt die Lebensbühne. Irgendwann entscheidet er sich wieder, im Spiel des Lebens mitzuspielen und er tritt erneut auf. Nun hat er ein neues Kostüm und eine neue Rolle erhalten, doch in seinem Innersten ist er gleich geblieben. Evtl. hat er nun neue Mitspieler gefunden oder er trifft wieder auf alte Bekannte. Vielleicht spielt er nun seinen eigenen Partner/Gegner (Gegenrolle?)! Hat nicht jeder Mensch manchmal das Gefühl, »man« würde sich schon kennen? Doch man erinnert sich nicht genau, woher. Wie können wir eine Erinnerung an etwas haben, was noch niemals war?

Jeder Mensch hat die Wahl, was er in seinem Leben sein will. Er entscheidet immer selbst. Doch auf der Ebene des Verstandes vergisst er den Grund seines Da-Seins. Es ist nun lediglich ein Gefühl, das ihm sagt, wer er ist!

Die Grundprinzipien
für das alltägliche Glück

Glück ist

eine bewusste Sache!

Wie wir Menschen unser Leben, unsere Realität erschaffen ...

Gedanke ist und entwickelt sich durch die Betrachtung zur Idee. Eine Idee kann zur Ideologie werden. Durch die Betrachtung der Idee entsteht *immer* ein Gefühl und durch das Gefühl beginnt die Idee entsprechend zu leben. Zuerst unsichtbar und nur für den Urheber wissentlich spürbar; doch mit der Zeit manifestiert sich die Idee zu einer – für alle – sichtbaren Realität. Die Liebe, also das Gefühl, leitet den Gedanken als Schöpfung an den Urheber zurück. Der Schöpfer erlebt seine eigene Schöpfung. Jede gedankliche Vorstellung, die gefühlsmäßig erlebt wird, verwirklicht sich klar und unmissverständlich. Daher verwirklicht sich alles, was wir lieben, aber auch das, was wir fürchten! Unser Alltag ist ein Produkt unserer Gedanken und Gefühle.

Was lieben Sie? Was fürchten Sie? Nehmen Sie sich Zeit, JETZT darüber nachzudenken! Gefällt Ihnen nicht, was Sie sehen, so ändern Sie JETZT Ihre Gedanken und die Zukunft wird Ihnen anders begegnen.

Gewöhnlicher Alltag oder die Macht der Gewohnheit!

Paaren sich Idee und Gefühl, entsteht also Realität. Wissen und Denken allein, also ohne Gefühl, bringen keine Erfüllung, sondern es bleibt meist am Ende nichts als Enttäuschung, Frust und Unverständnis. Wissen, das nicht gefühlt wird, ist sinnlos. Gedanken, die nicht gefühlt werden, bleiben als unerfüllte Idee in der Atmosphäre hängen. Die unerfüllten Gedanken sind die »dicke Luft«, die wir manchmal so stark spüren. Die Sinne des Lebens offenbaren sich im Ausdruck eines Gefühls, also einer gefühlsmäßigen Vision. Viele Menschen denken nicht selbst, sondern sie lassen sich dauernd von anderen beeinflussen. Menschen nehmen Gedanken und Vorstellungen an, die sie sich nicht selbst bewusst gemacht haben.

Wir erschaffen unsere Realität selbst – egal, ob bewusst oder unbewusst.

Sind Sie sich wirklich bewusst, was Sie mit Ihren Gedanken und Ihren Gefühlen jeden Tag erzeugen? Denken Sie über sich selbst nach und Sie werden sich Ihres Lebens bewusst! Alles Wissen liegt **in** *Ihnen! So liegt es an Ihnen, ob sich Ihr Leben positiv oder negativ verändert. Überprüfen*

Sie Ihr Gedankengut. Nehmen Sie sich Zeit darüber nach-zudenken, was Sie den ganzen Tag »zusammendenken«. Denken Sie selbst! Sie können es! Achten Sie dabei immer auf Ihr Gefühl!

Wissen bestimmt die Aktion!

Jeder Mensch handelt nach seinem Wissen und Gewissen! Im täglichen Tun erkennen wir, wie geistreich wir sind. Viele Menschen zeigen ihre Unwissenheit durch ihre sich täglich wiederholenden Taten. Unwissende Menschen versuchen immer wieder mit der gleichen geistigen Einfältigkeit, ihr Leben zu ändern. Solange der Mensch sein Denken nicht ändert, ändert sich auch sein Leben nicht. Beobachtet man tagtäglich Menschen in ihrem Tun, scheint es oft so, als würden die Menschen ihr eigenes Tun selbst nicht begreifen. Dies ist immer dann der Fall, wenn wir in unseren Aktionen Schmerz, Krieg und Zerstörung wiederholen.

Das Leben erscheint unfassbar. Unfassbare Realitäten überfordern die fassungslosen Menschen. Bewusstsein macht fassbar! Unbewusstes Tun führt zu Lebensumständen, die nicht begreiflich sind und dennoch entstehen.

... denn sie wissen nicht, was sie tun!

Wissen Sie immer, was Sie tun? Wissen Sie, worauf Ihr Glück begründet ist?

Damit wir unser Glück auch wirklich fassen können, müssen wir zuerst begreifen, was uns glücklich machen kann.

Wissen und Meinen

Jedes Mal, wenn man sagt: »Ich meine zu wissen ...«, so weiß man nicht. Meinen ist eine äußere Ansicht, die gedankenlos von jemand anderem übernommen wurde. Meinungen sind nicht selbst überlegt. Man hat eigentlich nur die Sichtweise eines anderen Menschen angenommen, ohne selbst darüber nachzudenken! Leider sind viele Menschen zu faul, um selbst zu denken. Meinungen sind aus der Luft gegriffene Ideen, die nicht überlegt sind.

»Ich meine zu glauben ...«
– so glaubt man nicht wirklich.

»Ich meine zu sehen ...«
– so sieht man nicht wirklich.

»Ich meine zu hören ...«
– so hört man nicht wirklich.

Sagt ein Mensch »ich habe die Meinung, dass ...«, so fragen Sie ihn, »weißt du oder meinst du?«. Wenn er meint – so müssen Sie selbst denken!

Wenn wir jemandem die Meinung sagen, haben wir meist nichts Gutes im Sinn. Durch unüberlegte Äußerungen wird viel Elend auf dieser Welt geschaffen. Führen wir echte Gespräche, so lassen sich viele Unklarheiten aus dem Weg schaffen.

Beginnen Sie, nach Wissen zu streben, und Sie verstehen die Welt!

Wer die Welt versteht, kann sie verändern!

In der Tat erkennt man, was ein Mensch wirklich weiß.

Weisheit ist Re-Aktion!

Ob wir weise sind, zeigt sich darin, wie wir auf das Tun und auf das Geschehen in unserem Umfeld reagieren. Es gibt viele Menschen, die meinen, weise zu sein, aber in ihrem Reaktionsvermögen zeigt sich eher Hilflosigkeit und geistige Beschränktheit. »Weisheit« lässt sich nicht aus der inneren Ruhe und von der wahren Liebe abbringen. Weisheit bleibt sich selbst in ihrer Göttlichkeit treu. Fühlt sich ein Mensch angegriffen, beginnt er, sich sofort zu verteidigen und reagiert mit gleichen verletzenden Taten. Unsichere Menschen fühlen sich dauernd angegriffen. Wird ein weiser Mensch angegriffen, reagiert er in Liebe und Verständnis und tritt nicht auf die gleiche Art auf den Angriff ein, sondern reagiert auf eine selbstbewusste Weise. Der Weise versteht, warum der Angreifer so handelt und weiß, wie er auf die derzeitige Situation reagieren muss, damit sich diese nicht verschlimmert. Im göttlichen Sein (liebevolles Denken) bleibt der weise Mensch von Angriffen unbehelligt. Je stärker die Eigenliebe ist, umso weniger können Angriffe verletzen. Ein Angreifer will verletzen und verletzt sich letztendlich nur selbst!

Wird man angegriffen und man schlägt zurück, ist man mit dem Angreifer gleichgestellt. Wir sollten jeder

Provokation bewusst entgegentreten. *Bleiben Sie sich selbst treu, auch wenn andere versuchen, Sie davon abzubringen!*

Bitten Sie um Weisheit und um Liebe und Verständnis, und Sie werden die Kraft der Liebe spüren und das Wissen für ein verständnisvolles Verstehen erhalten!

1. Körper – 2. Seele – 3. Geist

Diese Reihenfolge macht deutlich, dass der Körper in erster Instanz die Herrschaft über das Leben hat, dann folgt das Gefühl und am Schluss erst der Geist. Das körperliche Bedürfnis beherrscht das Tun im Alltag. Das materielle Überleben zwingt zu bestimmten Taten. Der Körper regiert und will Befriedigung (Triebe), die Seele verkümmert (das Gefühl stirbt) und der Geist altert (Beschränkung). Sobald der Körper herrscht, übernehmen die Triebe die Bestimmung im Leben und das tägliche Tun endet irgendwann im Chaos. Der Alltag wird nicht geistreich gestaltet, sondern triebvoll durchlebt. Die Triebe lassen dem Gefühl keinen Raum und der Geist ist vollständig ausgeschaltet. Irgendwann landet der triebgesteuerte Mensch in der Leere. Er hat sich »ausgelebt«, doch nicht weiterentwickelt. Nun zwingt ihn der Schmerz zum Handeln. Der Körper ist am Ende. Der Mensch wird gezwungen, sich mit seinem Leben auseinanderzusetzen. Der Geist wird zum Bewusstsein gezwungen, damit das Gefühl wieder heilen kann und schlussendlich der Körper neue Kräfte schöpft.

Bestimmt Ihr Körper, wann Sie zu Bett gehen sollen? Bestimmt Ihr Körper, wann Sie zu Hause bleiben müssen? Bestimmt Ihr Körper, wohin Sie gehen können? Reagiert Ihr

Körper mit Unwohlsein, sobald Sie etwas wollen, was wichtig ist? Dann ist es höchste Zeit umzudenken!

Menschen, die ihren Körper nicht beherrschen, landen irgendwann in der totalen körperlichen Hilflosigkeit.

Beginnen Sie, Ihren Körper wieder mit der Macht Ihrer Gedanken zu steuern! Gedanken und Gefühle manifestieren sich mit der Zeit in Ihrem Körper – sie werden sichtbar!

Krankheit: Zwang oder Befreiung – Sinn oder Unsinn?

Krankheiten bestimmen Raum und Zeit. Krankheiten sind ein- und beschränkende Zustände, die einen mehr oder weniger bewussten Zweck erfüllen wollen. Krankheit ist ein Zustand, der Menschen zu gewissen Handlungen zwingt und sie vor gewissen Handlungen bewahrt. Viele Menschen flüchten in einen kranken Zustand, da sie sich selbst nicht anders zu wehren und zu behaupten wissen. Die Krankheit übernimmt die tägliche Bestimmung. Die Krankheit gibt Ziele auf und gibt dem Leben den Sinn im Alltag. Vielleicht weckt ja die Krankheit das Bewusstsein, leben zu wollen. Ein Kranker muss diese Entscheidung fällen, wenn er aus seiner Misere heraus will. In jedem Menschen lebt das Streben nach ewigem Leben. So weckt eine Krankheit evtl. den Wunsch, irgendwie zu überleben. Krankheiten machen also durchaus Sinn. Dies ist den meisten Menschen jedoch nicht in dieser Art bewusst. Menschen flüchten in kranke Zustände, da sie sich nicht anders vor Überforderung zu schützen wissen. Kranke erwarten Fürsorge und bewusste Betreuung. Menschen verschaffen sich durch Krankheiten Frei-Raum. (»Ich nehme ein paar Tage krank ...«) Sie verschaffen sich Beachtung und Aufmerksamkeit. Krankheiten entstehen u. a.

aus Gedanken und verletzten Gefühlen, die jahrelang unterdrückt wurden und sich nun durch den Körper Ausdruck verschaffen. Es gibt durchaus auch eingebildete Krankheiten und Symptome, die in der Realität ebenfalls sichtbar werden.

Jeder Gedanke, der mit einem unglücklichen Gefühl, mit Frust, Angst und Ärger unterdrückt wird, bricht irgendwann in einem großen Schmerz aus. Der Mensch wird krank, unbeweglich, starr und zum Sklaven des materiellen Körpers.

Krankheiten entstehen und bilden sich immer dann, wenn der Mensch sich den Gedanken eines anderen Menschen anpasst und unterwirft und dabei sein eigenes Denken und Fühlen unterdrückt. Krankheit ist die Ausrede für etwas, was man tun muss und lassen soll. »Ich möchte schon, aber ...« Durch eine Krankheit kann sich der Mensch auch Schonung verschaffen. Die äußerste Form von Krankheit ist nur noch ein Zustand von Schmerz und Abhängigkeit. Der Schmerz beherrscht den Lebensalltag. Im Schmerz kann der Mensch nicht mehr denken, er besteht nur noch aus Gefühl. Der Schmerz ist die Erinnerung an die eigene Untreue.

Viele Menschen tun jeden Tag Dinge, die ihnen eigentlich zuwider sind. Sie glauben, diese Dinge tun zu müssen, damit sie geliebt werden und von ihren Mitmenschen akzeptiert sind.

Oftmals geben Krankheiten Menschen Sinn, um ihr Leben verstehen zu können. Unsinn entsteht immer dann, wenn die Krankheit ihren Zweck nicht erfüllt.

Im schlechten Moment das Gute sehen, eröffnet neue Möglichkeiten!

Ein Gesunder hat ganz viele Wünsche, ein Kranker nur einen!

1. Geist – 2. Seele – 3. Körper

In dieser Kombination liegt die wahre Macht des Lebens. »Ich kann machen, was ich will!« Geist formt den Gedanken. Geist ist Idee und gibt dem Leben die Form. Die Seele fühlt den Gedanken und belebt ihn mit Freude. Das Gefühl fühlt sich zum Gedanken hingezogen und führt zur Befruchtung. Die Lebensidee verkörpert sich sichtbar. Dies ist ein wahrlich göttlicher Schöpfungsprozess. Gott feiert Hoch-Zeit! Der Gedanke (Vater) vereinigt sich mit der Liebe (Mutter) und so entsteht ein neues Leben (Kind).

Geist	Gedanke	Morgen	Zukunft
Seele	Gefühl	Jetzt	Gegenwart
Körper	Materie	Gestern	Vergangenheit

Geist: Jeder Mensch kann denken, was er will und wie viel er will. Jeder Gedanke birgt eine Schöpfung (Kraft und Idee) in sich, die sich irgendwann realisieren wird. Jeder Mensch hat, was er *denkt*, zu haben.

Seele: In der Seele sind alle Erfahrungen und alles Wissen durch ein be**stimmt**es Gefühl gespeichert. So ist die Seele der Erfahrungsspeicher. Alle Erfahrungen bleiben für immer gespeichert. Der Mensch erweitert sein Wissen durch

die ausgedehnten und erweiterten Erfahrungen. Jeder Mensch sollte die Erfahrungen und die daraus entnommenen Erkenntnisse speichern, aber die Ereignisse der Vergangenheit loslassen! Indem wir die vergangenen Ereignisse loslassen, werden wir davon befreit. Ansonsten wiederholt sich das Schicksal. **Das Gefühl ist immer nur JETZT!** Fragt man einen Menschen: »Wie fühlst du dich jetzt gerade?«, so kann er diese Frage ganz klar beantworten. Fragt man ihn: »Wie fühlst du dich morgen?«, so kann er dies niemals beantworten. Er kann lediglich hoffen, sich gut zu fühlen. Fragt man ihn: »Wie hast du dich gestern gefühlt?«, so wird er sich nur teilweise erinnern können. Das Gefühl holt den Gedanken ins JETZT und aus diesem Zusammentreffen verwirklicht sich die erdachte Realität in der Gegenwart.

Körper: Der Körper ist Materie. Materie ist sehr stark verlangsamtes Licht. Materie ist verdichtete und begrenzte Illusion. **Jeder** dauerhafte Gedanke wird zur materiellen Realität. Gedanken bleiben dauerhaft erhalten, sobald sie mit einem Gefühl am Leben erhalten werden. Sie lassen den Menschen, ihren Schöpfer nicht mehr los. So manifestieren sich die Gedanken mit Sicherheit. Materie ist der

Beweis der Schöpfung. So wird die materielle Realität zur persönlichen Welt des Erlebens. Die materielle Realität ist äußeres Sein (und manchmal auch äußerstes Sein) im universellen Geschehen. Ungläubige Menschen glauben, dass Materie alles ist, was es gibt. Sie versteifen sich in der Materie. Da Materie sehr stark verlangsamtes Licht ist, verwirklichen sich die Gedanken und Gefühle der Vergangenheit oft erst nach Jahren in einer materiell wahrnehmbaren Realität. Nach Jahren wird sichtbar, was der Mensch immer wieder gedacht hat. Macht sich ein Mensch andauernd Sorgen über seine Zukunft, so werden irgendwann Sorgenfalten auf seinem Gesicht zu sehen sein. Alle Gedanken und Gefühle finden ihren Ausdruck. Angstvolle Gedanken führen zu beängstigenden Situationen. Freudige und liebevolle Gedanken bringen Lebensgenuss, Freiheit und Leichtigkeit ins Leben.

Worte und ihre Macht

Worte sind Vorstellungen von Gedanken. Doch Worte, die nicht gefühlsmäßig erfasst, resp. verstanden werden, könnten zum Verhängnis werden. Unüberlegte Äußerungen führen häufig zu großen Schwierigkeiten. Fühlt ein Mensch nicht, was er sagt, versteht und erkennt er auch nicht die Folgen seiner Worte. Er versteht sich selbst nicht mehr. Er versteht nicht, warum etwas geschieht. Daher sollte sich jeder Mensch selbst beobachten und er sollte sich selbst zuhören, was er mit seinen Worten zum Ausdruck bringt. Jedes Wort, also jeder geformte Gedanke führt zu einer formalen Realität.

Worte sind **Geist**_info_**form**ation!

Was sagen Sie aus? Was säen Sie mit Ihren Worten?

47

Glück ist vielseitig

Wegweiser
zum täglichen Glücklichsein!

*»Nicht im Besitz von Herden noch im
Golde befindet sich das Lebensglück;
Wohnsitz des Glücks ist die Seele.«*

Demokrit

Das wunderbare Gefühl geliebt zu sein

Die Liebe macht jeden Menschen stark und wertvoll. Doch so viele Menschen haben den Glauben an die wahre Liebe im Verlaufe ihres Lebens verloren. Die vielen Enttäuschungen verhindern die Offenheit für eine neue Liebe. Die Angst vor dem Schmerz ist größer, als der Wunsch nach der großen Liebe.

Wir werden erhalten, was wir unbeirrt denken und wollen! Die Liebe ist die stärkste Kraft im Leben und sie heilt alle Wunden. Doch damit die Liebe überhaupt wirksam werden kann, müssen wir den Glauben an die Liebe wieder finden. **Die Liebe ist selbst verständlich!** (selbstverständlich?) Wir müssen uns selbst lieben und achten, dann werden wir auch Menschen anziehen, die das gleiche Bedürfnis haben. Eigentlich ist alles ganz einfach. Lassen wir die Erfahrungen los und geben uns eine neue Chance. Eine neue Liebe bringt neues Glück. Lernen wir aus der Vergangenheit, so wissen wir mit zukünftigem Glück besser umzugehen.

Pech in der Liebe, Glück im Spiel?

Wir Menschen glauben, dass immer nur ein Glück möglich ist. Wir trösten uns, indem wir sagen »man kann nicht alles haben«.

Wir haben so oft das Gefühl, dass wir uns entweder für die Liebe oder für das Geld entscheiden müssen. Beides scheint nicht zusammen zu gehen. In vielen Kulturen glauben die Menschen, dass mit dem materiellen Reichtum sich irgendwann die Liebe ergeben wird. So streben wir zuerst nach äußerem Reichtum und glauben, damit später die Liebe erkaufen zu können. Oder Menschen glauben, sie müssten auf Wohlstand verzichten, wenn sie die Liebe ihres Lebens auskosten wollen. Wahre Liebe fordert keinen Verzicht. Im Gegenteil: Wahre Liebe setzt die größten Kräfte frei. Wahre Liebe macht alles möglich. Gemeinsam sind wir stark. Wahre Liebe manifestiert sich im Inneren und verstärkt sich im Äußeren.

Miteinander – Nebeneinander – Gegeneinander

Denken, fühlen und leben wir miteinander, so wird das Zusammensein für alle wesentlich leichter. Menschen leben oft zusammen, aber nicht miteinander. So wird das Zusammenleben zum täglichen Nebeneinander. Da kein wirklicher und bewusster Austausch mehr stattfindet, wird aus dem Nebeneinander mit der Zeit ein Gegeneinander. Man fühlt sich durch den anderen laufend gestört, doch man trennt sich nicht. Der Alltag ist eine Art Kleinkrieg, in dem jeder sein Revier verteidigt und den anderen bekämpft. Diese alltäglichen Unachtsamkeiten zerstören mit der Zeit jegliches Gefühl. Negative Gefühle mindern das Licht im Menschen. Man sieht alles schwarz.

Schätzen wir das Miteinander, so sehen wir den Wert der Mitmenschen. Wer schätzt, wird auch geschätzt!

Der Alltag wird so zum kleinen Glück!

Miteinander ist: **WIR**!

Licht – Leichtigkeit –
Freiheit durch Vergebung

Das Leben vieler Menschen ist belastet durch tatsächliche Ereignisse der Vergangenheit. Man trägt das Leben mit sich herum. Die Erfahrungen leben in uns weiter und bleiben bestehen. Unverarbeitete schmerzvolle Erlebnisse lassen uns nicht wirklich in Ruhe, da wir nicht verstehen, warum uns so etwas Schreckliches widerfahren konnte. Doch wenn wir die Erfahrung des Schmerzes als Erweiterung unseres Bewusstseins anerkennen, sind wir in der Lage, den Sinn darin zu erkennen.

Vergeben wir uns, vergeben wir unseren Mitmenschen und vergeben wir jedem Moment, so lassen wir die Vergangenheit ruhen, ohne sie dabei zu verdrängen.

Wer verzeiht, glaubt an Schuld und hält demzufolge am Schuld-bewusst-Sein fest.

Wer vergibt, der sucht nicht länger nach Erklärungen voller Schuldzuweisungen und löst sich damit von seiner Vergangenheit. Die Vergangenheit kann sein wie sie war und wiederholt sich nicht mehr in der Zukunft.

Friede mit dir!

So viele Menschen leben im Unfrieden mit sich und mit den anderen. Schmerz, Ärger, Wut, Zorn lassen sich heilen, indem man in negativen Momenten zu sich selbst sagt:

»Friede mit dir, Friede mit dir, Friede mit dir!«

Dies ist eine praktische Technik, die den Krieg, der im Inneren tobt, beenden kann.

Sind Sie in einen Streit verwickelt, so sagen Sie den Zauberspruch 3x zu sich selbst und 3x zu Ihrem Gegner. Es nützt auch, wenn Sie dies in Gedanken tun. Immer wieder.

Dadurch schafft man eine neue, andere Schwingung und zerstörerische Kräfte werden unwirksam. Die energetische Leitung ist unterbrochen; die Sendung ist unmöglich!

Lebenspartner

Wir sind, was wir sind und wir ziehen den Spiegel an, in dem wir uns selbst betrachten können. Ob wir das Bild lieben können, entscheidet die eigene Selbstbetrachtung. Wir gehen Partnerschaften ein, weil wir glauben, es würde uns etwas fehlen. Sehr viele Partnerschaften werden nicht aus wahrer Liebe eingegangen, sondern aufgrund von Mangelbewusstsein. Wir projektieren unsere Schwächen auf den Partner. Dieser tut genau dasselbe und so wird die Gemeinschaft zum gegenseitigen Vorwurf. Wer sich durch eine Partnerschaft absichern will, wird immer in Unsicherheit leben müssen. Alles, was ist, entsteht im inneren Sein. Taten sind Werkzeuge, die durch die innere Wirkungskraft nach außen drängen.

Der Grund einer Partnerschaft erhält oder trennt schlussendlich die vorhandene Partnerschaft. Ist eine Schwäche der Grund, so wird der Grund der Trennung auch eine Schwäche sein.

Unser Partner ist der Spiegel, in dem wir unsere eigenen Werte feststellen können. Der Spiegel hilft uns aber auch, verloren gegangene Werte neu zu entwickeln.

Wenn sich beide Partner auch immer wieder selbst betrachten, so ist ein ehrliches, liebevolles Miteinander eher wieder möglich.

Liebe bereichert unser Leben. Jeder Mensch ist liebenswert!

Sagen Sie zu sich selbst immer wieder: »Ich bin liebenswert! Ich bin liebevoll!«

Fühlen Sie dabei Ihre Worte tief im Innersten! Dies wird die größte Wirkung haben!

Mit der Zeit ...

Zeit ist Raum. Zeit ist der Abstand von einem Punkt zum anderen. Die Zeit heilt alle Wunden – so sagt man. Die Zeit schafft neue Perspektiven. Dinge verändern sich, wenn man sie aus der Nähe betrachtet. Aus der Ferne sieht vieles anders aus.

Wir neigen dazu, anderen »gut gemeinte« Ratschläge zu erteilen, ohne deren Situation wirklich zu kennen. Von weitem gesehen, macht vieles einen besseren Anschein.

Lassen wir die Sache an uns heran, so sind wir fähig, zu erkennen und zu fühlen und an der Lösung mitzuwirken.

Wir müssen die Dinge selbst in die Hand nehmen, wenn wir sie wirklich verändern wollen. Dazu brauchen wir aber die Annäherung.

Nähe und Distanz

Jeder Mensch braucht Nähe. Nähe schafft Verständnis, weckt das Gefühl und gibt uns Geborgenheit.

Distanziert sich ein Mensch, so kann dies sehr verletzend sein. Menschen glauben, dass Distanz ihnen mehr Achtung und Beachtung verschafft. Es gibt durchaus Momente, in denen eine gesunde Distanz eine erneute Annäherung ermöglicht.

Treten wir uns zu nahe, so mischen wir uns ein. Wir sollten behutsam den Abstand wahren und spüren, wann und wie viel Einmischung gut und förderlich ist. Das richtige Gespür für die Situation erhalten wir, indem wir uns in den anderen hineinversetzen.

Wer sich aufdrängt, wird mit der Zeit lästig. Man wehrt ihn instinktiv ab. Zu viel Nähe macht auch Druck.

Aufmerksamkeit und Achtsamkeit sind wichtig für eine vertraute Nähe.

Tag für Tag eine neue Chance ...

Jeder Tag ist ein Neuanfang. So scheinen zwar viele Tage gleich zu sein, doch dies hängt von unserer eigenen Einstellung ab.

Geben wir uns jeden Tag bewusst eine neue Chance, so werden sich neue Chancen und Möglichkeiten ergeben.

Ein neuer Tag – ein neues Glück!

Sport ist Mord!
(... wenn wir damit vor uns selbst davonrennen ...)

Sport ist gut für Körper, Seele und Geist, solange wir uns dabei gut fühlen und uns unserer selbst vollständig bewusst sind. Viele Menschen laufen jedoch ihren Gefühlen davon. Man hat sich geärgert und nun versucht man, den Ärger durch Sport abzureagieren. Doch so wird der Ärger nicht aufgelöst, sondern auf den eigenen Körper abgelenkt. Das Problem wird abgeschoben. Dies führt zu Gelenkschmerzen, Knochenbrüchen, Muskelverspannungen, Zerrungen und anderen Verletzungen. Das negative Gefühl sollte »**in Ruhe**« bereinigt werden, ansonsten wird die Negativität durch Aktivität in den eigenen Körper gelenkt. Menschen reagieren sich laufend irgendwie ab. Doch auf diese Weise kehren die Probleme immer wieder zurück, bis sie uns eines Tages lahm legen. Man hastet davon, doch der Druck sitzt dennoch im Nacken. Bleiben wir in Ruhe stehen und denken darüber nach, so finden sich immer Lösungen.

Wenn wir unseren Gefühlen davonlaufen, so laufen wir auch vor unserem Glück davon.

In Ruhe lassen ...

Wichtige Entscheidungen sollte man in Ruhe angehen. Veränderungen sollte man *in Ruhe* besprechen. Sind wir dauernd in Bewegung und im Stress, so können wir unser Leben nicht ändern. In der Ruhe entsteht Bewusstsein und neues Leben. Manchmal muss man etwas **in Ruhe betrachten** und werden lassen. (»Ich schaue mir alles in Ruhe an und entscheide dann!«) Sehr viele Menschen haben jedoch Angst vor der Ruhe (Stille), da sie sich selbst nicht wahrnehmen wollen. Sie wollen nicht sehen, was in Wirklichkeit ist. Das Leben macht ihnen Angst und nun hetzen sie herum; sie beschäftigen sich dauernd. Selbst nachts finden sie ihre Ruhe nicht. In der Stille hören wir wieder unsere innere Stimme, die uns weiterbringt. Gott spricht aus der Stille. In der Ruhe nimmt der Mensch sich selbst wahr. Die letzte Ruhe finden wir, wenn das Ende unserer physischen Existenz gekommen ist. Doch auch aus diesem Ende geht neues Leben hervor.

»Lass' uns zuerst zur Ruhe kommen, dann sehen wir weiter!« Gehen wir die Dinge ruhig an, so schaffen wir unsere Ziele! Viele Menschen suchen Ruhe und Stille, um sich selbst zu finden.

In der Ruhe liegt der Anfang und in der Ruhe liegt das Ende. Jedes Ende ist gleichzeitig auch wieder Anfang. Wahrhaftige Veränderungen gehen aus der Ruhe hervor. Nehmen wir uns in Ruhe Zeit, um neu zu werden!

In der Ruhe entsteht die Idee, die sich in der Bewegung verwirklicht!

Schenken wir einander Momente der Ruhe und der Stille, so schenken wir einander Kraft und Stärke.

63

Ich verlasse mich auf ...

Sobald ein Mensch außen Akzeptanz und Liebe sucht, hat er sich selbst bereits aufgegeben und verlassen. Er ist außer sich und hat sich selbst im Stich gelassen ... Man verlässt sich dauernd auf irgendetwas. Verlässt sich der Mensch, macht er sich abhängig. Er liefert sich somit der Macht seines Umfeldes aus. Er ist machtlos, abhängig und auf die Mitspieler in seinem Umfeld angewiesen. Der Mensch versucht durch Gefälligkeit, die Liebe und Anerkennung anderer Menschen zu erhalten.

Wer sich verlässt, wird verlassen! Sehr viele Menschen stehen am Ende ihres Lebens verlassen da!

Miteinander tun ist wesentlich besser, als sich dauernd zu verlassen!

Bleiben Sie sich selbst treu! Denken Sie daran, alles, was Sie denken und fühlen, wird zu Ihrem Schicksal! Sie allein sind die bestimmende Kraft in Ihrem Leben!

Die Befürchtungen werden wahr ...

Durch die Gesetzmäßigkeit der Schöpfung, dass jeder Gedanke irgendwann wahr wird, werden demzufolge auch die gedanklichen Vorstellungen wahr, vor denen sich der Mensch immer gefürchtet hat. Viele Menschen haben schlussendlich das, was sie nie haben wollten. Viele Menschen enden da, wo sie nie enden wollten. Menschen werden zu dem, was sie nie sein wollten. Alle Befürchtungen werden wahr, werden sie nicht abgelegt. Ist wahr geworden, was man befürchtet hat, fühlt man sich doppelt schlecht. Man behält mit seiner Einstellung Recht! Bewerten wir in Gedanken das Tun, also das Leben eines anderen Menschen, so machen wir uns Gedanken. (»So will ich nie werden ...«) Die Bewertung ist eine gefühlsmäßige Betrachtung. Irgendwann werden wir selbst zu dem, was wir betrachtet und bewertet haben. Man denkt, das Schlechte würde immer nur den anderen passieren!

Denken Sie darüber nach, wie alles geschieht, und verstehen Sie die Welt!

Urteilen ist bewerten!

Jegliche Form von Bewertung und Beurteilung entsteht aus einer gefühlsmäßigen Empfindung, die gepaart ist mit irgendwelchen Moralvorstellungen über das, was man tun soll. Menschen haben sich in Urteilen über sich selbst (Selbstverurteilung) verloren. Menschen beurteilen andere Menschen in ihrem Tun und sie werden dadurch selbst auch immer wieder beurteilt. Ein Ur-teil heißt, ich trenne / distanziere mich von der einen Seite und bevorzuge die andere Seite. Jedes Urteil führt demzufolge zu einer Einschränkung und Beschränkung. Beschränkung ist Aufteilung des Raumes, also erlaubt uns die Beschränkung nicht mehr, alles sein zu können. So beurteilt Gott-Vater nichts und niemanden, denn ansonsten würde er sich selbst beschränken und Teile von sich ablehnen.

Urteilen heißt: »Ich **schlage** mich auf die eine Seite und be**kämpfe** die andere Seite!« Wer urteilt, muss sich irgendwann dem Kampf stellen; nämlich dem Kampf mit sich selbst. Jegliche Form von Urteilen führt zur Abtrennung, Teilung und Selbstzerstörung. Alles, was wir Menschen ablehnen, zu dem müssen wir selbst wieder werden. Das Leben setzt sich fort. Wir haben immer die Wahl zu entscheiden, wie sich unser Leben anfühlt. Alles ist eine Frage des Gefühls.

Viele Menschen sind in ihren Urteilen, Wertvorstellungen und Meinungen gefangen. Somit beschränken sie sich selbst und erlauben sich nicht mehr, alles zu sein. Wertung befürwortet das Eine und lehnt anderes ab. Doch der Vater in uns drängt uns, wieder zu ihm zurückzukehren und in vollständiger, absoluter Liebe und Freiheit gegenüber allen Da-Seins-Formen zu sein.

Urteilen heißt, sich trennen und entfernen. Jegliches Urteil kann durch Verständnis, Liebe und durch Akzeptanz dessen, was ist, aufgelöst werden. Beginnen wir Menschen, das Leben zu verstehen, beginnen wir, es zu lieben. Jegliche Ablehnung von irgendeinem Zustand führt dazu, dass das ablehnende Gefühl den befürchteten, beurteilten Zustand erst recht zu uns heranzieht. Die Liebe zu allem Leben führt zu totaler Freude und Leichtigkeit. In der wahren, göttlichen Liebe gibt es keinen Schmerz, keine Angst und keine Zweifel. Diese große Liebe ist einfach! Daher ist es wichtig, sich jeden Tag in dieser Liebe zu erproben.

Alles beginnt klein und endet groß. So ist jedes Probieren ein Anfang. Fühlt sich dieser Anfang gut an, setzen wir das erprobte Tun fort und gewinnen laufend dazu. Löst unser Tun ein schlechtes Gefühl aus, so sollten wir dieses

Tun lassen. Aber viele Menschen wollen ihr Glück erzwingen, da sie nicht daran glauben. Doch jeglicher Zwang entsteht aus Angst. Angst entsteht aus Nichtwissen. Nichtwissen entsteht aus der Ablehnung des persönlichen Gefühls. So sind Menschen, die Angst haben, aus ihrem eigenen Glücksgefühl »herausgefallen«.

Es gibt für alles eine Lösung!

Lösungen bringen neue Freiheiten!

Negative und schmerzhafte Ereignisse bereiten uns Probleme. Probleme halten uns fest. Wir versuchen, Probleme zu ignorieren, indem wir wegsehen. Doch genau diese (un-)bewusste Ablehnung wirkt eigentlich als unterbewusste Anziehung. Anstatt wegzusehen, ist es ratsam, hinzusehen. Beobachten wir das Schlechte, so sollten wir dies nicht verurteilen, sondern wir sollten Lösungsmöglichkeiten kreieren, damit diese schlechten Zustände nicht weiter entstehen.

Sobald wir mit negativen Ereignissen konfrontiert werden (Fernsehen, Zeitung, Radio usw.), sollten wir nicht weiter darüber schimpfen und lamentieren, sondern wir sollten in gemeinsamen Gesprächen nach Lösungen suchen. Die Gedanken bleiben in der Atmosphäre »hängen« und mit der Zeit werden diese Ideen von Menschen wieder aufgenommen. Plötzlich erscheint die Lösung – sozusagen wie aus der Luft gegriffen!

Für gemeinsame Probleme können wir gemeinsam Lösungen kreieren! Reden wir wieder miteinander, so wird die Lösung der Probleme schneller da sein, als wir denken können!

Ein leichtes oder schweres Los

Das Leben wird täglich leichter, sobald wir immer wieder loslassen können. Loslassen heißt, dem Leben vertrauen. Das Leben geht ewig weiter. In Wahrheit gibt es keine Leere und eigentlich keine Wiederholungen. Das Leben entsteht jeden Tag neu. Doch solange wir unser Denken und unsere Gefühle nicht ändern, erschafft sich der Alltag immer wieder im alten Muster. So scheint das Schicksal unveränderlich. Lassen wir die mühsamen Gedanken los, so lösen sich auch die mühsamen Gefühle auf. Das Leben wird augenblicklich leichter.

Plagt Sie ein mühsamer Gedanke? Betrachten Sie ihn und fragen Sie sich, ob es sich lohnt, an diesem Gedanken festzuhalten. Sollten Sie sich entscheiden, diesen Gedanken loszulassen, so tun Sie es, indem Sie an der Stelle neu denken, resp. umdenken! Machen Sie sich neue Gedanken und Ihr Schicksal gestaltet sich neu. Fallen Sie nicht weiter in die Denkmuster der Vergangenheit zurück, sondern bleiben Sie zuversichtlich!

Machen Sie sich Ihr Leben leichter! Erleichtern Sie sich, indem Sie die lästigen Denk-Plagegeister loslassen. **Ziehen Sie das große Los, indem Sie sich alles Glück dieser Welt zutrauen!**

Liebe und Angst

Es gibt eigentlich nur zwei wesentliche, entscheidende Lebensgrundlagen, nämlich Liebe und Angst. Im Zustand von Angst ist das Gefühl blockiert. Ist man angst**voll**, ist man gefühlsmäßig **leer**. Angst verhindert klare Gedanken und klare Gefühle. Angst ist Leere, die beherrscht und kontrolliert. Daher ist alles, was Angst macht, niemals im Sinne des Göttlichen. Angst entsteht dadurch, dass man seine eigene Kontrolle abgibt und sich im Aber-Glauben verloren hat. Liebe ist ein Zustand, der keine Angst zulässt. In Liebe zu sein, heißt in Freude, in Fülle, in Sicherheit zu sein. Haben Menschen vor etwas Angst, so suchen sie unentwegt nach Sicherheit. Das Bestreben nach Sicherheit verstärkt das Gefühl der Angst. **Das Sicherste, was es im Leben gibt, ist das Leben!** Wer in Angst lebt, wird immer wieder in beängstigende Zustände geraten. Alles macht Angst. Angst blockiert freies Denken. Angst ist ein Zustand von Außer-sich-Sein. Nur Menschen, die ihre Angst loslassen, vertrauen ihrem Gefühl wieder. So können in Wahrheit nur die Menschen anderen Menschen und Lebewesen helfen, von Angst befreit zu sein, die selbst nicht in der Angst leben. Menschen, die in der Angst leben, lösen bei anderen Menschen immer wieder neue Ängste aus. Man gibt die

Angst sozusagen weiter. Doch kann man auch die Sicherheit der Liebe weitergeben. Doch ängstliche Menschen können dem nur schwer vertrauen.

Hören Sie auf Ihr Gefühl! Achten Sie auf Ihr Gefühl!

Was sagt mir mein Gefühl?

Alle Erfahrungen sind in Form eines Gefühls gespeichert. Zu jeder Zeit und zu jeder Situation hat der Mensch bestimmte Gefühle. Wir treffen auf einen Menschen – und wir haben ein Gefühl. Wir hören von einer Situation – und haben ein Gefühl. Wir entwickeln neue Vorhaben – und haben ein Gefühl. Wir lesen ein Buch – und haben ein Gefühl. Wir tun etwas – und haben ein Gefühl. Wir sehen etwas – und haben ein Gefühl. Wir hören etwas – und haben ein Gefühl.

Ist es ein Gefühl von Liebe, von Freude, von Lust, von Leichtigkeit, von Zuversicht, von Sicherheit, von Wohlsein, von Wohlgefallen, von Schönheit?

Fragen Sie sich immer wieder: »Was sagt mir mein Gefühl?« Ihr Gefühl ist Ihr bester Ratgeber.

Zeigt sich ein Gefühl von Angst, von Misstrauen, von Schmerz, von Panik, von Ärger, von Wut, von Ablehnung, von Verachtung, von Zerstörung, von Wertlosigkeit, von Abscheu?

Breitet sich ein Gefühl von Leichtigkeit und Freude aus, so werden sich Leichtigkeit und Freude in Ihrem Alltag ausbreiten. Dieses Gefühl wird Sie durch das Leben tragen.

Etwas mit Freude und Liebe tun, gibt uns die Flügel, die uns über alle Schwierigkeiten und Hürden tragen. Wir schweben dahin. Der Mensch strahlt Leichtigkeit, Zuversicht und Wärme aus. Alles, was wir aus und mit Liebe tun, wird uns befreien. Wir tun alles für uns selbst. So belohnen wir uns letztendlich selbst.

Breitet sich ein Gefühl von Traurigkeit, Schwere und Müdigkeit aus, so begegnen wir einer alten Schwäche von uns selbst. Begegnet uns ein schlechtes Gefühl, ist sich distanzieren und davonlaufen niemals die Lösung. Ein schlechtes Gefühl ist lediglich die Erinnerung unserer Seele, dass wir uns in diesem Bereich in der Vergangenheit untreu waren und dass wir in diesem Bereich unsere Macht und Kontrolle verloren haben. Es gilt nun, dieses schlechte Gefühl zu bereinigen, zu besiegen und umzuwandeln. Beschleicht uns ein schlechtes Gefühl, so heißt dies für unsere Seele und unseren Geist: »Achtung, bleibe dir selbst treu, bleibe in deiner Mitte und sei achtsam bei allem, was du nun tust.« In allen Bereichen, in denen sich schlechte Gefühle bemerkbar machen, gilt es, die auftretenden schlechten Gefühle zu wandeln und zu befreien. Aber leider sieht man bei vielen Menschen, dass sie sich laufend von allem, was ihnen nicht gefällt, distanzieren. Distanzieren heißt sich trennen und Abstand halten. So zwingt sie in Wahrheit eine bestimmte Realität dazu, beiseite zu treten. Und so werden sie in diesem Augenblick bestimmt. Sie bestimmen ihren Lebensstandpunkt nicht mehr selbst, sondern der abgelehnte Zustand bestimmt sie. Sie sind weiterhin Sklave einer selbst geschaffenen Realität. Menschen, die sich dauernd von etwas distanzieren, fühlen sich in Wahrheit niemals wirklich gut. Am Schluss ihres Daseins werden sie dennoch mit allen Schwächen, Unzulänglichkeiten wieder konfrontiert. Wie viele Menschen enden in einer totalen Wertlosigkeit. Ihr Körper ist alt, unansehnlich, schwach und voller Schmerzen. In ihrem Dasein fühlen sich alte Menschen oftmals wertlos, ungeliebt und abgeschoben. Die Gesellschaft empfindet alte Menschen als Last. Man denkt über die entstehenden Kosten nach und nicht über das, was diese alten, verlassenen Menschen geleistet haben und wie sich diese nun fühlen müssen. Alte Menschen sind oftmals in einem schmerzenden, unbeweglichen Körper gefangen und ihr Dasein wird von außen bestimmt und geregelt. Alle diese Menschen wollten nie so werden! Warum ist es dennoch so geschehen?

Wir können viel vom Schicksal anderer Menschen lernen! Machen wir uns Gedanken, wie es »dazu« kommen konnte, könnten wir uns selbst – durch das erlangte Verständnis – vor dem gleichen Schicksal bewahren.

Haben Sie ein »komisches« Gefühl, so ist dies der Hinweis Ihrer Seele: »Werde dir dieser Situation selbst bewusst!« Gefühle sind Leben!

Bevor wir gefühlsmäßige Entscheidungen treffen, sollte das Gefühl genau betrachtet und bereinigt werden. Negative Gefühle führen zu neuen schmerzhaften Erfahrungen. Positive Gefühle bringen Fortschritt und Wohlstand.

Alltägliche Entscheidungen

Tagtäglich fallen Entscheidungen an. Jede Entscheidung fordert unser Denken und unser Gefühl heraus!

»Entscheide nie etwas in einer schlechten Stimmung und versprich nie etwas in einer Hochstimmung!«

Treffen wir Entscheidungen in einer schlechten Stimmung, so werden wir die Entscheidung mit großer Wahrscheinlichkeit irgendwann bereuen.

Sind wir in einer euphorischen Stimmung, so neigen wir dazu, ALLES zu versprechen. Doch diese Versprechen können wir später meist nicht einhalten.

Daher sollten wir uns Zeit nehmen, in Ruhe darüber nachzudenken und auf das persönliche Gefühl zu achten, bevor wir eine Entscheidung fällen.

Dies würde viele Menschen vor Dingen und Umständen bewahren, die sie später bereuen müssen!

Mangel oder Fülle?

Viele Menschen leben in der Fülle und fühlen dennoch fast nur Mangel. Sie sehen, was ihnen zu fehlen scheint und nicht, was sie in Wahrheit besitzen. Mangel wird von vielen Systemen bewusst dargestellt (gemacht), um die Menschen von der wahren Fülle abzulenken. Wer Mangel empfindet, braucht Hilfe. Wer Hilfe braucht, läuft Gefahr, ausgebeutet zu werden. Vielen Menschen wird von klein auf dieses Mangelbewusstsein systematisch erklärt und beigebracht. Man zeigt den Menschen dauernd, was sie noch nicht wissen (geistiger Mangel); man zeigt ihnen, wo sie nicht geliebt und akzeptiert sind (seelischer Mangel); man zeigt ihnen die körperlichen Mängel auf (körperliche Unzulänglichkeiten); man macht sie dauernd darauf aufmerksam, was sie nicht können. Darin wurzeln Krankheiten. Menschen sind mangelhafte Zustände gewohnt und glauben nicht an die Lösung und Befreiung. Wer den Mangel akzeptiert, der hat eine Ausrede für mangelndes Glück gefunden!

Mangel wird künstlich geschaffen. Die Kunst, mit dem Mangel zu leben, wird zur sportlichen Lebensbeschäftigung. Systeme täuschen Mangel vor.

Die Angst vor Mangel löst bei den Menschen Gier aus. Gierige Menschen reißen rücksichtslos alles an sich und zerstören dabei noch mehr. Aus Mangeldenken entstehen immer wieder neue Kriege.

Beginnen Sie heute, die Fülle in Ihrem Leben zu sehen! Sehen Sie, was Sie alles wissen und Sie fühlen sich reich beschenkt. Spüren und sehen Sie, wer Sie in Wahrheit liebt und wie viele Freunde Sie haben und Sie sind ein glücklicher Mensch. Schauen Sie, was an Ihrem Körper gesund und schön ist und die restlichen Mängel werden sich im Lauf der Zeit wieder zum Positiven verändern.

*Sie haben immer die Wahl. Ihr Lebensglück wird von **Ihrem** Gefühl bestimmt!*

Ich fühle mich gut – Ich fühle mich schlecht ...

Schlechte Gefühle wurzeln im Bewusstsein von Mangel. Fühlt sich ein Mensch schlecht, verliert er seine bewusste Kontrolle und Bestimmung. Er wird bestimmt und beherrscht. Er empfindet in diesem Augenblick ein Gefühl von Ärger, Wut und Zorn. Schlechte Gefühle sind unkontrollierte Gefühle, die den Menschen zu einem bestimmten Tun zwingen.

»Man hat sich nicht mehr unter Kontrolle ...« »Man ärgert sich ...« Trachten wir danach, einem anderen Menschen zu schaden, so schaden wir nur uns selbst. Wollen wir jemanden ärgern, so ist der Ärger im eigenen Leben bereits vorprogrammiert. Das schlechte Gefühl bestimmt das Programm!

Haben wir ein gutes Gefühl, so sind wir mit uns, mit der göttlichen Kraft in uns, EINS. Wir sind Sieger. Gute Gefühle bereichern das Leben. Schlechte Gefühle vermiesen den Alltag.

Bleiben Sie Ihrem guten Gefühl treu und lassen Sie sich nicht durch missmutige Menschen von Ihrem guten Gefühl abbringen, nur weil sich diese jetzt gerade schlecht fühlen.

Durch das Verbleiben im guten Gefühl wird man andere Menschen dazu bringen, sich auch wieder gut fühlen zu können.

Kann man Menschen zum Lachen bringen, vergessen sie ihr schlechtes Gefühl. Die Welt sollte grundsätzlich wieder mehr zu lachen haben.

Hüte dich vor deinen Wünschen,
denn sie gehen alle
irgendwann in Erfüllung!

Wie steht es mit Ihrem Wunschdenken? Mit der Zeit werden alle Wünsche wahr, auch die, die unüberlegt sind!

Überprüfen Sie Ihre Wünsche! Es gibt niemand anderen, der über die Art Ihrer Wünsche urteilt oder deren Erfüllung verwirklicht, als Sie selbst. Ihr Wunschdenken unterliegt Ihrer eigenen Macht.

Wünschen Sie, etwas zu sein! (Und nicht, etwas zu werden oder zu wollen …) *Denken Sie über Ihre Wünsche genau nach!*

Werden ist nicht sein! Werden ist ein Prozess, der unendlich ist.

Es sagte einmal jemand: »Wen Gott bestrafen will, dem erfüllt er seine Wünsche …!«

Die Vergangenheit holt uns ein ...

Dies passiert immer dann, wenn wir vergangene Denkmuster nie wirklich geändert oder aufgelöst haben. Irgendwann trifft das ein, was wir (irgendwann) in der Vergangenheit gedacht haben. Das Leben vergisst sozusagen keinen Gedanken.

Eine Freundin kam abends spät in eine Polizeikontrolle. Sie wollte der Kontrolle ausweichen, doch mit keinem Trick gelang ihr dies. Plötzlich erinnerte sie sich an eine frühere Aussage, die sie einmal getätigt hatte. Sie hatte vor Jahren gesagt, dass sie einmal in eine Alkoholkontrolle kommen möchte, wenn sie Kamillentee getrunken habe. An diesem Abend hatte sie zum ersten Mal seit vielen Jahren wieder Kamillentee getrunken. Sie hatte 2 Kamillentees, aber auch noch Wein und 2 Drinks konsumiert. Sie musste in das Kontrollröhrchen blasen und dachte währenddessen ganz fest an Kamillentee. Sie ließ sich nicht aus der Ruhe bringen und so blieb schlussendlich der Test um 0,1 Promille unter der erlaubten Dosis. Ihre damalige Vorstellung war nicht vollständig gedacht. Sie hätte sagen müssen: Ich will einmal

in eine Alkoholkontrolle kommen, wenn ich **nur** Kamillentee getrunken habe.

Achten Sie auf die Vollständigkeit Ihrer Aussage!

Das Leben betrügt uns nicht, höchstens wir uns selber!

Ausreden – Ausweichen – Wegschauen

Menschen suchen andauernd nach Ausreden. Sie lenken von sich ab. Sie weichen aus. Ihr Versagen entschuldigen sie durch ständiges Rechtfertigen. »Ich will schon etwas ändern, *aber* ... Ich glaube schon an Gott, *aber* ... Ich werde mich ändern, *aber* ... Ich könnte schon, *aber* ...« **Das ist in Wahrheit »Aberglaube« und Aberglaube ist Selbsttäuschung und Ausreden von Wahrheit.** Menschen, die immer wieder Ausreden haben, betrügen sich selbst. Dieser Selbstbetrug führt schlussendlich zu großen EntTäuschungen. Man täuscht sich selbst und wundert sich schlussendlich, dass man enttäuscht wird. Oder sollte man hier besser sagen »mich wundert gar nichts mehr«???

Versucht ein Mensch, einer Situation auszuweichen, so gibt er damit preis, dass er diese Situation ablehnt und nicht für gut heißt. Er gibt aber auch preis, dass er die Lösung dieser Situation nicht kennt. Ausweichen bringt Menschen von ihrem Weg ab. Anstatt immer auszuweichen, sollten Lösungsgedanken entwickelt werden. Alleine durch die gedankliche Lösung, gepaart mit einem guten Gefühl, beginnt sich die materielle Beschränkung bereits aufzulösen.

Es gibt viele Menschen, die sich tagtäglich bemühen wegzuschauen. Doch bereits das Wegschauen zeigt, dass sie die abscheuliche Situation bereits **wahr**genommen haben und dass diese bereits in ihnen gedanklich aktiviert ist. Wegschauen bereitet immer größere Mühe und verhindert Wachstum. Wegschauen ist Beschränkung im Geist. Wegschauen macht das Leben mühsam. Ein mühevolles Leben macht schneller alt. Menschen altern im Wegschauen, da dieser Vorgang ihren Geist total verschließt. Durch bewusstes Hinschauen und Hineinfühlen lösen sich Ängste und Beschränkungen auf. Das Verstehen und die Erkenntnis führen zu großer Befreiung. Man fühlt sich wieder frei und unbeschwert.

Auf dem Weg zu bleiben, scheint so schwer.

Die täglichen Ablenkungsmanöver ...

Wenn Menschen eine Verabredung treffen, sollten sie dabei auf ihr Gefühl achten, bevor sie die Zusage geben. Ist das Gefühl positiv, so sollte man später die Verabredung unbedingt einhalten. Der Weg zum Glück geht über das Gefühl. Nun ist der Zeitpunkt gekommen, die Verabredung einzuhalten und jetzt stellen sich plötzlich Schwierigkeiten in den Weg. Der Weg zum Glück wird oft durch das Umfeld erschwert. Nur allzu leicht lassen sich die Menschen von ihrem Glück ablenken. Stehen Sie zu Ihren Vorhaben! So können Sie sicher sagen: *»Zum Glück bin ich gekommen! Zum Glück habe ich es mir nicht nehmen lassen ...!«*

Glück ist eine Gefühlssache!

Wer oder was steht Ihrem Glück im Wege?

Die Suche nach dem verlorenen Glück!

Suchen bedeutet, sich oder etwas verloren zu haben. Menschen sind dauernd auf der Suche nach etwas. Fragt man sie, was sie denn suchen, so können sie diese Frage oft nicht beantworten. Sie wissen, da gibt es etwas, was sie einmal gehabt haben, sonst wären sie nicht dauernd auf der Suche. Man sucht dauernd nach »Dingen«, die einen glücklich machen könnten. So zeigt der Drang der Suche, dass die Seele weiß, dass sie einmal mehr war, mehr gehabt hat und dass sie grundsätzlich reicher war.

Wir haben uns manchmal in Gedanken verloren, in Gefühlen verlassen und in materiellen Zwängen aufgegeben. Daher suchen wir nun den Weg zurück in die All-Liebe, in die Freiheit und in die Unendlichkeit – genannt Ewigkeit im himmlischen Sein. Es ist sozusagen die Suche nach dem Himmel auf Erden. Immer, wenn wir ein unerklärbares Glücksgefühl empfinden, haben wir wieder einen verlorenen Teil von uns gefunden.

Die Angst zu verlieren ...

... Verleidet jedes Glück! So viele Menschen vertrauen nicht auf ihr Glück. Die Angst, das Glück sowieso wieder zu verlieren, ist größer, als dem Glück im Leben zu vertrauen.

Jeder Mensch kann das Glück in den Händen halten, ohne sich daran festzuklammern. Man **muss** das Glück nicht mit beiden Händen festhalten, da Glück immer wiederkehrt, sobald man es einmal gefunden hat.

Die alltägliche Begegnung mit der Versuchung!

Ich versuche es!« Sobald wir dies sagen, glauben wir innerlich nicht daran, dass wir das, was wir wollen und tun, auch wirklich schaffen. Versuchen heißt, sich innerlich schwach fühlen.

»Führe mich nicht in Versuchung!« Niemand kann uns in Versuchung führen, höchstens wir uns selbst. Versuchen ist immer ein Akt von innerer Unsicherheit. Menschen verlassen sich immer wieder (geistig und gefühlsmäßig) auf ihrer Suche und enden in der Versuchung. Versuchen ist eigentlich versagen. Das Wort versuchen, können wir durch das Wort »probieren« ersetzen. Probieren heißt, ich bin offen für etwas Neues und ich fühle mich bereit, mich im Neuen zu erproben, resp. zu erfahren. Menschen sollten ermuntert werden, sich neue Situationen auszudenken. Dann sollte man sie ermuntern, die ausgedachte Situation auch gefühlsmäßig vorauszuerleben. **Idee und Gefühl ergeben eine Vision!** Und schließlich verspüren diese selbst die Kraft in sich, ihre ausgedachten Vorhaben in die Tat umzusetzen.

Probiere es immer wieder in Gedanken und du wirst es auch in der Realität schaffen und verwirklichen!

Denken ist Probehandeln im Kopf!

Die Probleme wachsen mir über den Kopf ...

Dies geht vielen Menschen tagtäglich so. Weil wir Dinge immer wieder aufschieben, anstatt sie zu lösen, versinken wir mit der Zeit in unseren Problemen. Das Wasser steht uns bis zum Hals, da wir unsere Gefühle unterdrückt haben und sich diese bis ins Unerträgliche aufgestaut haben. Nun müssen wir mit der Lösung beginnen, wenn wir nicht ganz darin untergehen wollen.

Ein Problem ist eigentlich immer auch eine Chance. Ist das Problem wirklich gelöst, wird es nicht mehr in unser Leben zurückkehren.

Haben Sie sich gut, wahrhaftig gut gefühlt, als Sie das Problem endlich gelöst hatten?

Das Leben hat viele Lösungen parat! Wir müssen die Lösung nur für möglich halten. Dies ist eine grundsätzliche Entscheidung.

Vom guten Glauben abfallen ... oder zum guten Glauben zurückfinden?

Menschen sagen »Ich bin vom guten Glauben abgefallen!«. Denkt man diesen Satz weiter, so ist die Fortsetzung »und ich bin zu wahrem Wissen gekommen!«. Menschen fallen immer wieder vom guten Glauben ab, weil sie an sich selbst zweifeln. Sie zweifeln an ihren Gedanken, verlieren die Geduld und das Vertrauen. Sie lassen sich von den Zweifeln in ihrem Umfeld beirren. Weiß ein Mensch, wie alles entsteht und geschieht, so wird er nicht mehr vom guten Glauben abfallen, da er nun weiß, alles, was er sich vorstellt, wird so sein. Glauben ist eine Art innerer Erwartung, die man nicht immer erklären kann und muss.

Der Glaube kann Berge versetzen, wenn wir uns nicht von unseren Vorhaben ablenken lassen! Wer wahrhaftig weiß, braucht nicht mehr zu glauben!

Liebst du mich noch?

Ja, ich liebe dich! Warum liebst du mich?« usw. Diese Frage stellen Menschen einander jeden Tag. Sie vertrauen der Liebe nicht, zweifeln an sich selbst und können es im Innersten gar nicht glauben, dass jemand jemanden wie sie überhaupt lieben kann. Diese Menschen würden sich selbst nie wählen und daher glauben sie auch nicht an die liebevolle Wahl ihres Partners. Das tägliche Suchen nach Liebesbeweisen macht deutlich, dass man sich der Liebe nicht gewiss ist. Die Angst, nicht geliebt zu sein, macht Menschen Tag für Tag unglücklich. Legen wir diese Angst nicht endlich ab, so zerstören wir uns selbst das größte Liebesglück.

Beginnen Sie heute damit, sich selbst zu lieben. Und wenn Ihnen dies schwer fällt, so gehen Sie nach draußen und spüren Sie die Wärme der Sonne. In der Natur ist Gott am stärksten. Spüren Sie die wärmenden Strahlen und beginnen Sie, sich selbst geliebt zu fühlen. Eines ist sicher, Sie werden zu jeder Zeit geliebt. Lassen Sie dieses Gefühl wieder entstehen. Beginnen Sie, Ihr Leben liebevoll zu betrachten. Geben Sie der Liebe und den Lieben in Ihrem Leben wieder eine Chance! Erkennen Sie alles, was Sie haben und freuen Sie sich auf das, was Sie noch haben werden.

Denken Sie ab heute immer daran: SIE sind ein geliebter Mensch!

Stellen Sie sich die Liebe vor! Stellen Sie sich vor, wie Sie in den Armen Ihrer Geliebten / Ihres Geliebten liegen! – Ein tolles Gefühl! Sagen Sie jeden Tag: Ich bin geliebt, ich bin begehrenswert, ich bin liebenswert!

Jeder Mensch ist es wert, geliebt zu werden und zu sein!

Es ist mir einfach alles zu viel!

Eigentlich ist gemeint, die Probleme sind zu viel, aber man hat in Wahrheit etwas ganz anderes ausgesagt!

Dieser Ausspruch – zu Ende gedacht – hat folgende Wirkung:

Sofort hat man von allem weniger, weil man gesagt hat, »es wird mir **einfach alles** zu viel – ich will nicht mehr!«. **Alles** wird weniger! Und sobald man nun merkt, dass alles weniger wird, so macht man sich noch mehr Sorgen. Und schlussendlich landet man im Nichts! Es ist im wahrsten Sinne des Wortes nichts mehr da! Alles ist weg!

Sagen Sie »Ich habe die Kraft, alles zu schaffen, was mir wichtig ist! Ich lasse die mühevollen Dinge los und freue mich über alles, was mein Leben reicher, schöner, gehaltvoller und liebevoller macht!«

$\mathcal{I}$ch mache mir ernsthaft Sorgen!
Es fällt mir schwer,
an mein Glück zu glauben!

$\mathcal{W}$er sich dauernd Sorgen macht, glaubt nicht an das Gute im Leben. »Ich sorge mich um dich!« Sorgen ist eine Art von Würgen. Das Leben ist wie ein Würgegriff, der einem langsam, aber sicher die Luft zum Atmen nimmt. Man ist Sich-Sorgen-Machen gewohnt und kann sich ein sorgloses Leben überhaupt nicht mehr vorstellen. Ein sorgenvolles Denken macht niemandem das Leben leichter. So trifft man Vorsichtsmaßnahmen. Man sorgt vor!

Jede Vor-Sorge bringt die Sorge ins Haus!

Wer sich dauernd über irgendetwas Sorgen macht, vertraut dem Leben und seinem Glück nicht. Anstatt sich zu sorgen, sollten wir beginnen, im JETZT aufmerksamer zu denken und zu fühlen, und unser Leben wird sofort leichter. **Das Heute ist das Gestern von Morgen.** Wer an die guten Dinge glaubt und sich im Innersten nicht verunsichern lässt, braucht sich keine Sorgen zu machen. Die tägliche Aufmerksamkeit allem Leben gegenüber lässt uns erkennen, wie wir unser Leben rechtzeitig in die richtigen Bahnen lenken können.

Beachten Sie Ihre Gedanken und achten Sie auf die dabei entstehenden Gefühle. Bereinigen Sie täglich Ihre Gedanken und Ihre Gefühle! So können Sie jeden Tag unbeschwert beginnen.

Wie sich schlechte Gefühle und Zustände bereinigen lassen ...

Solange Menschen ihren gegenwärtigen Zustand nicht akzeptieren, solange können sie diesen Zustand auch nicht ändern. Daher muss man das, was ist, zuerst annehmen und die dazu gewonnene Erfahrung speichern. Die negativen Zustände wird man los, indem man ganz bewusst sagt:

»Ich weiß nun, wie es sich anfühlt, wenn man alleine ist; ich weiß nun, wie es ist, wenn man unter Geldmangel leidet; ich weiß nun, wie es ist, wenn man verlassen wird; ich weiß nun, wie es ist, wenn man Kopfschmerzen hat; ich weiß nun, wie es sich anfühlt, wenn man betrogen wird; usw. usw. usw.«

Ich lege mein Glück in deine Hände!

Sagen wir dies, wollen wir den anderen für unser Glücklichsein verantwortlich machen. »Nur du kannst mich glücklich machen. Wenn einer es schafft, mich glücklich zu machen, dann du.« Der Druck wird mit der Zeit unerträglich und die Beziehung wird unter der Last der Erwartungen zusammenbrechen. »Du hast mir versprochen, für mich zu sorgen – mich glücklich zu machen!« Diese Erwartung wird immer in der Enttäuschung enden. Werden wir zusammen glücklich. Mit dieser Einstellung tragen beide zum gemeinsamen Glück bei.

Wer sich verlässt, steht am Schluss alleine – verlassen – da! So hat ihn das Glück verlassen.

Jeder ist selbst seines Glückes Schmied!

Abhängigkeiten des Alltags:
Ich hänge an ...
(Gegend, Haus, Kleid, Hund usw.)

Haben Sie dies auch schon gesagt? Wer an etwas hängt, ist abhängig und kann nicht loslassen. Menschen, die nicht loslassen können, haben unterbewusst Angst vor dem Fall. Sie halten sich krampfhaft fest und leben in der permanenten Angst zu verlieren. Und genau so wird es irgendwann sein.

Hängen Sie sich nicht mehr an etwas. Sagen Sie: »Ich liebe es, mit diesem Menschen zusammen zu sein; ich liebe es, in dieser Gegend zu leben; ich liebe es, in diesem Haus zu sein; ich liebe meinen Hund; ich liebe es, dieses Kleid zu haben, zu besitzen« usw. Wer liebt, der wird keine Angst vor Verlust haben müssen, da die Liebe alles erhält. Die Liebe bringt Genuss, die Angst Verdruss. *Lieben Sie die Angst? Überprüfen Sie Ihre Vorlieben!* Wahre Liebe genießt und freut sich. Falsche Liebe hält fest und hat Angst! Lassen Sie alles los, was Sie eigentlich festhält. *Hängen Sie an etwas, so bestimmt das, woran Sie hängen, eigentlich Ihr Leben. Befreien Sie sich und genießen Sie Ihr Leben!*

Sagen Sie ab heute: Ich liebe es, geliebt zu sein! Ich liebe es, viel Geld zur freien Verfügung zu haben! Ich liebe es, gesund zu sein! Ich liebe es, in einem schönen Haus zu wohnen! Ich liebe es, zu sein, was ich bin!

Die Liebe ist die stärkste Kraft im Leben. Die Liebe bringt die größte und schnellste Erfüllung. Die Liebe bringt das Glück auf dem schnellsten Weg ins Haus!

Ich beschwere mich!
Du musst dich beschweren!
Es ist alles so schwierig!

Die meisten Menschen haben gelernt, Dinge zu tun, die ihnen eigentlich schwer fallen, aber sie zwingen sich dazu, zu tun, was andere fordern. Man überfordert sich dauernd selbst. Man schluckt Unangenehmes herunter und lässt sich nichts anmerken. Die vielen Unannehmlichkeiten des täglichen Lebens beschweren den Alltag und führen zu körperlichen Beschwerden. Das Gefühl protestiert und »beschwert sich«. Somit wird mit der Zeit alles schwieriger und mühsamer. Die inneren Beschwernisse führen irgendwann zu einem schwerfälligen Körper. Die täglichen, unbewussten Gedanken werden sich verwirklichen; der Körper legt Gewicht zu.

Hören Sie einen Menschen sagen: »Ich werde mich beschweren!«, so fragen Sie ihn: »Wie viele Pfunde sollen es denn sein?«. Der andere wird Sie verdutzt anschauen, aber er wird begreifen, was er sich selbst damit antut.

Anstatt sich dauernd zu ärgern und zu beschweren, können wir unsere Beschwerden ablegen, indem wir miteinander reden und alles, was uns belastet, klären. Ein klares Gespräch mit gegenseitigem Respekt wird unser Leben immer leichter machen. Ein »gutes« Gespräch erleichtert das Zusammenleben!

Sind wir mit unserem Gefühl einig, so fällt alles ganz leicht. Wir tun und leben in Freude! *Stehen Sie zu Ihrem Gefühl!*

Es belastet mich ...
Ich bin erleichtert ...

Ich bin mit meiner Vergangenheit belastet. Ich bin durch meine Kindheit vorbelastet. Das Tun des Nachbarn belästigt mich!«

Menschen belasten sich mit allen möglichen Dingen. Mit der Zeit fühlt man sich total überlastet. Man bricht förmlich unter der Alltagslast zusammen. Diese täglichen Belastungen führen irgendwann zu Rücken-, Hüft- und Knieproblemen. Das Leben zwingt einen wortwörtlich in die Knie. Menschen belasten sich wahrlich mit unnötigen Dingen, Gedanken und Gefühlen. Wer sich durch andere Menschen andauernd belästigt fühlt, der wird selbst irgendwann zur Last. »Ich will niemandem zur Last fallen!« Doch diese Befürchtung wird sich genau so – irgendwann – realisieren. Jeder Gedanke ist Gott und demzufolge der Schöpfer unseres Alltags.

Befreien Sie sich von Ihren Lasten, indem Sie darüber nachdenken! Was bringt es Ihnen, diese Last mit sich herumzutragen? Wem hilft es, dass Sie sich so belasten? Wen wollen Sie entlasten?

Wir werden Belastungen los, indem wir darüber reden und nach wirklichen Lösungen streben. Doch leider wollen viele Menschen ihre Lasten gar nicht ablegen. Sie ziehen es vor, anderen die täglichen Belastungen vorzuhalten. Doch dann ist es ihre Wahl, ein Lastesel zu sein.

Klarheit bringt Erleichterung!

Ich erfreue mich!

Freude ist die Mutter des Genusses. Freude ist individuelle Entscheidung für die Erfahrung der Leichtigkeit. Freude bringt immer Gewinn!

Was würde Ihnen wahrlich Freude bereiten? Überlegen Sie genau! Woran erfreuen Sie sich? Wann empfinden Sie Freude? Wann haben Sie zum letzten Mal herzlich gelacht? Seien Sie ihr bester Freund und Sie werden viele wahre Freunde finden! Alles, was Sie selbst sind, werden Sie vermehrt anziehen! Machen Sie sich selbst eine Freude und Sie werden strahlen und anderen Menschen Freude machen.

Freuen Sie sich, dass Sie so ein wunderbarer Mensch (Gott) sind, der die Macht hat, sich selbst zu erfreuen.

Wer sich freut, dessen Leben ist leicht. Die Leichtigkeit ermöglicht es, über gewissen Hindernissen zu schweben!

Das Leben ist mir verleidet!

So viele Menschen haben die Freude verlernt und das Lachen vergessen. Wer keine Freude mehr hat, wird krank und stirbt. Oft wird dem Menschen die Freude bereits in der Kindheit verleidet. Kinder werden bestraft, wenn sie zu laut lachen. Missmutige Menschen fühlen sich vom Lachen anderer gestört. Ja, sie fühlen sich vom Lachen fröhlicher Menschen regelrecht angegriffen. Sie fühlen sich schlecht und ausgelacht.

Lachen löst Leid auf!

Lächeln Sie und das Leben lächelt zurück! Geben Sie die Angst auf, sich lächerlich zu machen! Ändern Sie Ihre Haltung und Ihr Lachen wird frei! Lachen befreit im wahrsten Sinne des Wortes.

Wo man singt, da lass' dich nieder,
denn böse Menschen
singen keine Lieder ...

Musik beeinflusst unser Gefühl, ja sie kann unsere negativen Gefühle sogar heilen. Singen und musizieren erfreut unser Gefühl. Sind wir krank, machen wir uns Sorgen oder fühlen wir uns irgendwie schlecht, so fällt es uns schwer, zu singen. Singen und musizieren ist mit einem schlechten Gefühl kaum möglich. Fühlen wir uns schlecht, so werden wir mit Bestimmtheit negative Dinge anziehen. Wir haben verschiedene Techniken, um unsere Gefühle zu bereinigen. Sind Menschen frustriert, so versuchen sie z. B. durch Frustkäufe, ihren Frust abzubauen, da Kaufen ein Akt von Macht ist, der kurzzeitig ein gutes Gefühl auslösen kann. Man will sich so sozusagen mit einer neuen Sache ein gutes Gefühl erkaufen. Doch mit einem schlechten Gefühl lassen sich keine guten Käufe machen. Fühlt man sich schlecht, sieht man das Gute nicht und hat auch kein Glück.

Bevor Sie zum Einkaufen fahren, singen Sie im Auto und bringen Sie sich selbst in eine gute Stimmung. Sie werden staunen! Sie werden wahre Glückskäufe machen können, da Sie nun offen für glückliche Geschäfte sind. Das gute

Gefühl wird Ihre Sinne für gute Gelegenheiten wecken. Man fühlt sich wie magisch von günstigen Gelegenheiten ange- zogen. Doch dies ist natürlich auch umgekehrt möglich.

Es gibt Menschen, die immer Glück haben, weil sie sich ihres Glücks immer gewiss sind! Glückliche Menschen haben immer Glück!

Ein Unglück kommt selten allein!

Sind wir in einer schlechten Stimmung, so ziehen wir noch mehr schlechte Ereignisse an, die unsere schlechte Stimmung erst recht bestätigen.

Eine Frau war beim Arzt und das Resultat der Untersuchung deprimierte sie. Ihr erstes Gefühl war, sofort nach Hause zu fahren und sich von der nicht allzu guten Prognose zu erholen. Sie hatte Tage zuvor in einem Geschäft Waren bestellt und nun sagte ihr Verstand: Jetzt bist du bereits in der Stadt, da kannst du doch noch deine Bestellung abholen. Sie hob auf der Bank eine beträchtliche Summe Geld ab und begab sich in das Geschäft, obwohl sie ihrem Gefühl nach eigentlich keine Lust dazu hatte. Aber ihr Verstand drängte sie dazu. Die Verkäuferin zeigte ihr die bestellten Waren. Ihre Handtasche stellte sie währenddessen auf die Ladentheke. Plötzlich stürmte ein Mann herein, ergriff die Handtasche und flüchtete damit. Zur schlechten Prognose kam nun noch der Diebstahl hinzu.

Schlechte Gefühle setzen die eigene Schwingung herab. In dieser herabgesetzten Schwingung wird man von Menschen wahrgenommen, die auf dieser Frequenz schwingen. In einer herabgesetzten Stimmung zieht man eher Menschen mit schlechten Absichten an!

Haben Sie auch schon bemerkt, dass Sie in Zeiten, in denen Sie sich schlecht fühlen, viel eher einen Unfall haben? Oder haben Sie andere Erfahrungen gemacht, die genau diesen Vorgang erklären?

Man geht einfach darüber hinweg!

Viele Menschen lösen ihre Probleme nicht, sondern sie gehen schlichtweg darüber hinweg. Mit der Zeit verlieren sie den Boden unter ihren Füßen. Der Weg wird holprig und mühsam. Die unbequemen Dinge werden übersehen, die Tatsachen verdrängt. Irgendwann werden sie auf den Boden der Tatsachen zurückkommen müssen. (»Er wurde auf den Boden der Tatsachen zurückgeholt.«) Der Entschluss, unangenehme Dinge einfach zu übersehen, wird noch größere Unannehmlichkeiten bringen. Mit der Zeit türmen sich immer mehr Hindernisse auf und der Mensch steht vor einem Berg. Nun ist jegliches Weiterkommen blockiert. Der Berg muss abgetragen werden, sodass die Sicht wieder frei und der Standpunkt wieder klar wird. Menschen werden mit dem Unangenehmen konfrontiert. Sie fühlen sich im wahrsten Sinne des Wortes vor den Kopf gestoßen!

Worauf gründet Ihr Leben? Sind es verdrängte Probleme? Ist es Liebe?

Denken Sie darüber nach – es lohnt sich. Menschen, die über ihre Probleme hinweggehen, werden irgendwann über ihre Probleme stolpern.

Schauen Sie sich um und Sie erkennen, wie oft sich dieses Geschehen vollzieht. Streben Sie die Lösung an und Sie stehen sicher in Ihrem Leben! Behalten Sie immer freie Sicht! Stehen Sie zu dem, was Sie tun!

Bist du mir treu?

Warum verlangen wir nach Treue? Ist es, weil wir selbst dabei an die Untreue denken?

Stehen Sie treu zu Ihren Gedanken, Gefühlen und Taten? Ist man sich selbst immer treu, so wird man nicht mehr nach Treue verlangen müssen. Treue stammt aus dem Wort Vertrauen. Vertrauen ist die Sicherheit der Liebe. Vertrauen wird durch Offenheit geschaffen. Vertrauen entsteht aus innerer Sicherheit und aus der eigenen Wahrheit.

Sind Sie sich selbst treu und vertrauen Sie sich. Dies gibt Ihnen eine sichere und starke Ausstrahlung.

Ich gebe mir alle Mühe!

Geben Sie sich auch immer alle Mühe, eine Sache gut zu machen? Wer sich Mühe gibt, macht sich selbst das Leben schwer. Alles wird immer schwieriger und die Lebenskräfte schwinden tagtäglich. Mühe macht müde! Wer sich dauernd Mühe gibt, altert schneller. Bei aller Mühe wird man alt und erreicht dennoch nicht das, was man sich erträumt. Die Dinge, die uns Mühe machen, sind die, die wir uns selbst aufzwingen. Anstatt Mühe, sollten wir immer das Beste geben! Geben wir das Beste, erhalten wir nur das Beste zurück!

Wählen Sie selbst. Sie haben immer die freie Wahl, auch wenn dies manchmal gar nicht immer so scheint. Denken Sie darüber nach! Sagen Sie: Ab jetzt gebe ich jeden Tag das Beste, und Sie können sicher sein, »das Beste kommt noch!«.

Sagen Sie: »Das Glück fällt mir immer leichter zu … / Ich freue mich, (…) tun zu können! Ich freue mich, (…) zu wissen! Ich tue mein Bestes und erhalte auch von allem nur das Beste zurück.« Wann immer Sie Ihr Bestes geben, erhalten Sie noch Besseres zurück!

Glück ist so einfach!

Ich nehme dir alles ab!

(… und du bist von mir abhängig!)

Haben Sie diesen Satz schon oft gehört? Hat man Ihnen auch immer alles abgenommen und nun kommen Sie alleine nicht mehr klar? Wem man etwas abnimmt, dem fehlt später genau das! So braucht man nun Hilfe und man ist darauf angewiesen, dass einem gegeben wird. Auf diese Art und Weise werden Opfer gemacht!

Lassen Sie sich nicht mehr alles abnehmen, sondern verlangen Sie, dass man Ihnen zeigt, wie man etwas macht. Verlangen Sie, dass man Ihnen hilft, die Dinge selbst zu tun. Halten Sie die Kontrolle und die Fäden Ihres Lebens selbst in der Hand!

Ein Satz zum Nachdenken:

Wer immer nur nimmt, ist ein Dieb!
Wer immer nur gibt, ist ein Mörder!

Sie selbst sind die bestimmende Kraft in Ihrem Leben. Denken Sie daran, alle Kraft, alles Wissen liegt in Ihnen selbst! Sie sind fähig, alles selbst zu tun; beginnen Sie wieder, an sich selbst zu glauben!

Wo ein Wille ist, ist auch ein Weg!

*Haben Sie Ziele? Was tun Sie, um Ihre Ziele zu errei-
chen?* Sobald ein Mensch ein Ziel hat, ergibt sich fast von
selbst ein Weg, der zum Ziel führen kann. Wir machen uns
auf den Weg und folgen den Wegweisern. Wir nehmen uns
Zeit und verlassen den gewohnten Raum. Das Leben wird
zum Abenteuer. Unterwegs haben wir Entscheidungen zu
treffen, die uns manchmal verunsichern. Oft scheinen sich
Schwierigkeiten aufzubauen. In diesen Augenblicken müssen wir an unser Ziel denken und die Situation klärt sich
auf. Scheinbare Schwierigkeiten halten uns auf und zwingen
uns zur Besinnung. In der Ruhe liegt die Lösung.

Es gibt jedoch Menschen, die sich bei den ersten Schwierigkeiten sozusagen selbst wieder aus dem Weg räumen.

Ein Mann, der schwer an Hautkrebs erkrankt war und
dem die Ärzte eigentlich keine Überlebenschance gaben,
entschloss sich dazu, sich selbst zu helfen und auf sein Gefühl zu hören. Er unternahm eigene Wege, um gesund zu
werden. Eigentlich hatte er gar nichts mehr zu verlieren,
sondern er konnte nur noch gewinnen. Er beschloss, einen
Termin in einer Klinik zu vereinbaren, die sich auf alterna-
tive Behandlungsmethoden spezialisiert hatte. Er rief an

– eine Telefonistin nahm den Anruf entgegen und antwortete ihm: »Warten Sie – ich muss zuerst noch etwas erledigen.« Er wartete und wartete und begann sich über diese Unachtsamkeit zu ärgern. Nach langen 5 Minuten nahm die Telefonistin den Hörer wieder auf. In der Zwischenzeit hatte sich der junge Mann derart geärgert, dass er antwortete, die Sache hätte sich für ihn erledigt. Als ich diese Angelegenheit mit ihm besprach, erklärte ich ihm, dass er sich nun selbst aus dem Weg geräumt habe. Dies war nämlich sein gewohntes Lebensmuster. Er wurde selten mit seinen Bedürfnissen beachtet und war es schon gewohnt, beiseitegeschoben zu werden und zu warten. Diese Erkenntnis machte ihn traurig und ließ ihn resignieren. Er kannte unzählige Momente in seinem Leben, in denen er keine Beachtung gefunden hatte. Der Schmerz wiederholte sich und wurde mit der Zeit unerträglich. Doch als er nun über die Resignation siegte, begann er zu kämpfen. Er war bereit, diese Tatsache in seinem Leben zu ändern. Ich erklärte ihm, dass er an sein Ziel »dauerhaft geheilt und gesund zu sein« denken sollte und dass er sich durch nichts und niemanden von seinem Vorhaben abbringen lassen solle.

So machte er sich mit neuem Mut erneut auf seinen Weg!

Kennen Sie auch so eine Geschichte? Haben Sie selbst so etwas Ähnliches schon erlebt? Ziehen Sie sich zurück, wenn Sie etwas nicht sofort erreichen?

Denken Sie daran, Sie sind geliebt und überall willkommen. Verankern Sie dieses Wissen in Ihrem inneren Sein!

Geben Sie, was Sie vorhaben, immer wieder auf?

Sind Sie sich und Ihren Vorhaben treu? Viele Menschen nehmen sich Dinge vor, geben ihre Vorhaben aber immer wieder auf. So ist man immer wieder von sich selbst enttäuscht. »Hätte ich doch ...; wäre ich doch ...«, so fangen viele Ausreden an. Viele Menschen lassen sich immer wieder von ihren Vorhaben abbringen und bereuen dies später. Im Innersten entsteht somit das Gefühl, dass man nicht fähig ist, etwas zu erreichen.

Man bereut im Leben selten das, was man getan hat. Häufig bereut man (Mann!), was man nicht getan hat.

Bedenken Sie Ihre Vorhaben. Verspüren Sie nun ein Gefühl von Freude? Ist dies der Fall, so bewahren Sie sich die Vorfreude und machen Sie sich auf den Weg, Ihr Vorhaben auch zu verwirklichen. Nehmen Sie sich die Zeit und die Ruhe und stellen Sie sich vor, wie Sie am Ziel ankommen. Sie können alles erreichen, wenn Sie sich selbst treu bleiben. Lassen Sie sich nicht beirren und verwirren!

Menschen verschieben häufig auch Vorhaben auf später. Irgendwann wollen sie tun, was sie heute noch nicht können. Doch in vielen Fällen haben sie keine Zeit mehr, da ihre Lebenszeit abgelaufen ist. Sie haben im wahrsten Sinne ihr Leben verpasst!

Ich opfere mich für dich auf!

Menschen glauben, sie müssten sich aufopfern, wenn sie zu wahrem Glück kommen wollen. Nur ein Opfer kommt auf die Idee, sich aufzuopfern. Niemand hat jemals von uns verlangt, dass wir Opfer bringen müssen, um glücklich sein zu können. Ein Opfer hat den Glauben an das Glück vor langer Zeit verloren. Opfer bringen kein Glück – nicht dem, der sich opfert und auch nicht dem, der das Opfer in Empfang nimmt. Doch ein Opfer hat sich in der Schwäche verloren und fühlt sich abhängig und hilflos. Menschen opfern ihr Leben, um andere zu verpflichten. Jegliches Opferbringen löst ein schlechtes, ungutes Gefühl aus. Die tägliche Aufopferung wird das Leben in der Qual enden lassen. Kein Mensch sollte sich opfern, da opfern eine Art Selbstauflösung ist. Das Opfer muss wieder zu seinen inneren Werten zurückfinden. Dazu muss es sein Denken ändern. Denke ich, ich wäre ein Opfer, bin ich das. Denke ich, ich wäre ein Sieger und Macher, bin ich das!

Ich bin, was ich bin!

Jeder Mensch hat immer die Wahl, zu sein, was er zu sein gedenkt!

Das Opfer beginnt zu kämpfen, wenn es von seiner täglichen Qual genug hat. Der Wunsch, kein Opfer mehr zu sein, wird weitere Opfer verhindern.

Das Glück der Freiheit wird schlussendlich siegen! Wir haben immer die Wahl!

Tun Sie, was Sie tun wollen, aus Freude und aus vollem Bewusstsein!

Morgen, morgen – nur nicht heute!

Ich habe jetzt keine Zeit für dich.« Die Ausrede »es geht jetzt nicht« verletzt, weil es den anderen auf die Seite stellt. Man will sich mit gewissen Dingen nicht befassen oder man glaubt, dafür keine Zeit zu haben. Verschieben wir Dinge auf später, machen wir uns häufig etwas *vor*! Was wir wegschieben, wird sich immer wieder in den Weg stellen. Wir glauben, dass wir nicht die Möglichkeit haben, mehrere Dinge miteinander zu erledigen. Diese Einstellung beschränkt den eigenen Wirkungskreis. Sobald wir uns Zeit nehmen, »alles unter einen Hut zu bringen«, so schaffen wir dies auch. Wir sind die Herrscher über Zeit und Raum. Doch viele Menschen haben sich zu Sklaven von Raum und Zeit gemacht, da sie an gewissen Besitztümern hängen.

Nehmen wir uns für andere Menschen Zeit, so geben wir ihnen Raum und eine Position.

»Ich schenke dir Zeit ...«, ist eine Liebeserklärung. *Wollen Sie, dass man Ihnen Zeit gibt? Ist es Ihnen wichtig, dass man Ihnen genug Zeit einräumt?*

Was wir wollen, sollten wir immer zuerst geben. Wir können nur ernten, was wir selbst gesät haben.

Geben wir uns die Zeit und nehmen wir uns wieder Zeit für andere und anderes, so entdecken wir Neues. Wir können unseren alltäglichen Reichtum genießen, indem wir uns Zeit dafür nehmen. Ruhe und Aktivität sollten aufeinander ausgerichtet werden.

Wir brauchen wieder mehr Zeit für Gefühle. In der Hetze des materiellen Strebens geht viel Zeit verloren.

Wir haben für alles Zeit, wenn wir nur wirklich wollen!

Alles ist so teuer! Nichts ist billig!
(Wertvorstellungen)

Die Worte »teuer« und »billig« bringen die innere Werteinschätzung zum Ausdruck. Sagt ein Mensch »das ist mir zu teuer«, will er eigentlich den Wert nicht anerkennen und den Wert herabsetzen. Sagt ein Mensch »das ist billig«, so gibt er einer Sache keinen Wert. Billige Sachen werden oft als wertlos angesehen. Viele dieser Billigwaren werden achtlos weggeworfen und unser Müllberg wächst. Wir sollten diese negativen Werteinschätzungen aufgeben. Wer immer wieder Dinge als zu teuer ansieht, der wird irgendwann selbst auch zu teuer sein und man wird ihn deswegen nicht mehr wählen. (»Dieser Mitarbeiter ist uns zu teuer!«) Wer den Dingen keinen Wert gibt, den wird man irgendwann auch für wertlos halten. Unsere inneren Einstellungen fallen wieder auf uns zurück.

Anstelle der Worte »teuer und billig« könnten wir »günstig und ungünstig« verwenden. Sagen wir »diese Sache ist günstig«, so freuen wir uns in Wahrheit über den vorhandenen Wert und unsere derzeitige Lage. Sagen wir, »diese Sache ist zur Zeit ungünstig«, so wissen wir, dass die Anschaffung im Moment noch nicht möglich ist, aber dass wir irgendwann in der Zukunft doch die Chance haben werden. Wir könnten auch sagen: »Preis und Leistung stimmt für mich nicht.« So geben wir keine Wertung ab, die uns wieder zum Verhängnis werden könnte.

Fühlen Sie! Wie fühlt es sich an, wenn Sie das Wort teuer verwenden? Wie fühlt es sich an, wenn Sie das Wort »billig« aussprechen? Was fühlen Sie, wenn Sie »günstig« sagen? Was denken Sie, wenn Sie »ungünstig« sagen?

Ihr Gefühl weist Ihnen den Weg in ein Leben von Freude und Leichtigkeit!

Ehrlichkeit und Lügen

Lügen heißt, den anderen für dumm halten und ihn bewusst täuschen wollen! Lüge ist bewusste Manipulation.

Unehrlichkeit ist, wenn wir den anderen nicht achten und respektieren. Ehre, wem Ehre gebührt.

Ehrlichkeit ist Achtsamkeit. Wir sollten uns und anderen Menschen gegenüber ehrlich sein. Wir gehen ehrlich miteinander um, indem wir anderen das gleiche Recht zusprechen.

Ehrlichkeit ist, in Liebe die Bedürfnisse des anderen wahrnehmen. Dies heißt nicht, dass man immer darauf eingehen muss.

Jeder Mensch hat das Recht zu sagen, was er sagen will. Will man »etwas« nicht sagen, so heißt dies nicht, dass man nicht ehrlich ist. Menschen werfen einander Unehrlichkeit vor, nur weil sich einer weigert, alles zu sagen. Lernen wir, den anderen für das, was er ist und für das, was er bereit ist zu geben, zu achten. Auf diese Weise können wir sehr viele dieser inneren, gegenseitigen Vorwürfe ablegen.

Wenn wir lügen, so wollen wir den anderen bewusst in die Irre leiten. Wir können Menschen nicht zur Wahrheit zwingen, aber wir können die Wahrheit selbst erkennen.

Ihr Gefühl wird Sie auf die Unwahrheit aufmerksam machen. Seien Sie achtsam, wenn Ihr Gefühl nicht stimmt!

Wollen wir, dass Menschen uns gegenüber ehrlich sind, so sollten wir zuerst immer selbst ehrlich sein.

»Was du willst, das man dir tut, tue zuerst selbst!«

Merkwürdig?
»Es sticht mir ins Auge ...«

Was ist es wert, von uns bemerkt zu werden? Die Wahrnehmung jedes Menschen ist sehr unterschiedlich. Was fällt auf? Wir nehmen wahr, wofür wir offen sind. Worauf und auf wen richten wir unser Augenmerk?

Wir sehen, was wir sehen wollen!

Wer immer nur das Schlechte sieht, sieht mit der Zeit schlecht.

Was wir betrachten, das nehmen wir auch wieder auf. Dies geschieht unterbewusst.

Warum werden die Menschen mit der Zeit immer hässlicher? Man schaut täglich in den Spiegel und achtet auf die Hässlichkeiten, ja man sucht förmlich danach! Es kann sich nur vermehren, was wir wahrnehmen.

Haben wir ein Auge für die Schönheit, so wird die Hässlichkeit mit der Zeit ganz verschwinden!

»Sieh die Schönheit in der Hässlichkeit und du hast Gott gefunden!«

Lernen wir nicht zu lieben, was wir sind, so geben wir uns selbst keine Chance zur Schönheit.

Die Schönheit liegt im Auge des Betrachters! Das äußere Erscheinungsbild täuscht den dummen Betrachter!

Der Lauscher an der Wand ...

Der Ton macht die Musik. Der Ton spricht das Gefühl an. Wenn wir das Gefühl eines Menschen erreichen, so wird er uns nicht mehr vergessen können. So viele Menschen hören einander nicht mehr und glauben, mit Schreien könnten sie sich noch Gehör verschaffen.

Wenn wir uns verstehen *wollen*, so verstehen wir uns – egal, welche Sprache wir sprechen. Verstehen ist eine Gefühlssache. Der Ton sagt mehr aus, als Worte jemals erklären können.

Wer seine Gefühle nicht bereinigt, versteht alles falsch. Man setzt Gerüchte in die Welt, weil man nichts verstanden hat.

Man hört immer, was man hören will!

Wollen wir, dass wir verstanden werden, sollten wir zuerst die anderen verstehen. Dies ist der einfachste Weg zur liebevollen Verständigung!

Ich kann gar nichts ...

Viele Menschen erkennen ihre eigenen Fähigkeiten nicht. Sie sagen »ich kann doch nichts!«. Sagt dies ein Mensch immer wieder, so wird er irgendwann bewegungslos in einem Pflegeheim landen. Seine Vorstellung hat sich bewahrheitet – nun kann er wirklich nicht mehr viel.

Jeder Mensch ist mit vielen Fähigkeiten ausgestattet. *Beginnen Sie, diese heute wieder wahrzunehmen. Sie können gehen, sitzen, sprechen, sehen, riechen usw.* Wir nehmen die vielen Möglichkeiten im täglichen Leben oft nicht mehr wahr. *Achten Sie auf das, was Sie bereits können und nicht weiter auf das, was Sie nicht zu können scheinen.* Der Mensch ist im wahrsten Sinne des Wortes »zu allem fähig«. Er müsste es sich nur zutrauen und sich genug Zeit einräumen. Mit der Zeit schafft man alles.

Bleiben Sie Ihren Zielen treu und geben Sie Ihren Fähigkeiten Raum, sich zu entwickeln. Alles braucht seine Zeit. Ein Kind freut sich, wenn es die ersten Schritte alleine tun kann, wenn es das erste Wort spricht usw. Später nehmen wir alles so selbstverständlich und achtlos hin.

Beginnen Sie JETZT, wieder auf die wunderbaren Möglichkeiten in Ihrem Alltag zu achten!

134

Warten oder Geduld haben?

Warten löst in jedem Menschen ein schlechtes Gefühl aus. Jedes Elend beginnt mit warten, da warten den Geist blockiert. Menschen werden immer wieder zum Warten gezwungen. Man bringt den Kindern bei zu warten, weil die Erwachsenen auch nichts anderes kennen. Kinder haben einen natürlichen Hang zur Ungeduld. Systeme versprechen den Menschen Heil, wenn sie nur lange genug zuwarten. »Warte, bis du den richtigen Partner gefunden hast, dann ...; warte, bis du selbst Kinder hast, dann ...; warte bis du genug weißt, dann ...; warte, irgendwann werde ich mich sicher ändern« usw. Menschen, die dauernd auf ideale Zustände warten, bleiben stehen. Bis sie ihren Fehler registrieren, ist es meist zu spät. Irgendwann sind sie alt und warten auf den Tod, der sie vom unglückseligen Leben erlöst. Doch selbst das Warten auf den Tod fällt unheimlich schwer, da warten nicht im Sinne des göttlichen Werdens ist. Warten macht bewegungslos. Menschen erstarren und können sich am Schluss kaum mehr bewegen (Probleme mit Beinen und Füßen zeigen sich).

Beenden Sie das Warten. Bestellen Sie Ihr Leben, indem Sie sich Ihr Leben geistig vorstellen. Haben Sie Ihre Zukunft bestimmt, so können Sie Ihr Jetzt frei erkennen. Sie können das, was ist, dulden, da Sie wissen, dass das Bestellte schon bald in Ihrem Leben sein wird. Ihre Ideen werden sich sicher verwirklichen, doch müssen Sie unbedingt jeglichen Zweifel loslassen. Schreiben Sie Ihre Bestellungen an das Leben auf. So können Sie durch die innere Zuversicht geduldig sein und genießen, was ist.

Haben wir eine Bestellung aufgegeben, so können wir uns bis zum Eintreffen des Bestellten mit anderen, neuen Dingen beschäftigen. Eine schwangere Frau ist in Erwartung, aber deswegen setzt sie sich nicht 9 Monate hin und wartet, bis ihr Kind geboren ist.

Passivität lässt das Leben vorbeigehen. Menschen verpassen durch Warten das Glück. Leider leben unzählige Menschen ein passives Leben und sind irgendwann zu totaler Passivität verdammt.

Man muss geduldig sein

(aber nicht warten)

Menschen neigen zur Ungeduld, weil sie das, was sie bereits haben, nicht schätzen – oder sollen wir sagen: einschätzen können? Ungeduld duldet nicht, was ist. Doch wenn wir nicht zuerst annehmen, was ist, können wir unser Leben nicht **grund**legend ändern.

Schauen Sie sich um und stellen Sie fest, wie reich Sie bereits sind. So wird sich Ihr Reichtum mehren. Ihre Bestellungen werden bald geliefert. Aber warten Sie nicht auf eine Lieferung, wenn Sie nichts bestellt haben.

Geduld zeigen, ist wissen um die Zukunft!

137

Man hat nie genug Geld ...

Menschen denken, ihr Glück würde vom Geld abhängen. Deswegen streben sie immer nach noch mehr Geld und haben dennoch nie das Gefühl, dass es jemals reicht. Solange Menschen denken »es ist nicht genug«, solange wird nie genug da sein!

Achten Sie auf Ihre Aussage!

Denken Sie auch, Sie hätten nie wirklich genug? Hat es nicht immer gereicht? Ist es nicht immer ein wenig mehr geworden?

Da sich viele Menschen nicht bewusst sind, bleiben sie in der Anfangseinstellung stecken. Sie verdienen zwar immer mehr Geld, aber sie haben ihre Grundeinstellung nicht geändert. Wenn wir den Reichtum wahrnehmen, so wird er immer in unserem Leben vorkommen.

Segnen Sie Ihr Geld, bevor Sie es ausgeben! Dies können sie tun, indem Sie Ihr Geld (Bargeld, Überweisung, Scheck) bevor sie es ausgeben mit positiven Gedanken, sprich: Worten, aufladen. Der Zauberspruch lautet:

»Dieses Geld (dieser Wert) vermehrt sich, vermehrt sich, vermehrt sich und es kommt mindestens siebenfach

in kürzester Zeit wieder zu mir zurück! Ich freue mich über meinen zunehmenden Reichtum, der mir neue Freiheiten bringt! Danke!«

Der Mut hat mich verlassen ...
Der Zweifel hat gesiegt ...

Kinder sind noch voller Zuversicht und wagen sich mutig an Neues. Ja, Kinder sind natürlich neugierig! Das Neue regt das Bedürfnis nach Wachstum an. Doch Neues erfordert Mut und einen klaren Willen, sich zu erproben. Es ist ein natürliches Grundbedürfnis eines jeden Menschen, in seinem Leben Neues zu erfahren und sein Bewusstsein dadurch zu erweitern. Leider ist es gang und gäbe, dass Menschen eher entmutigt, als ermutigt werden. Zweifel werden laufend geweckt. Menschen werden durch unsichere Menschen verunsichert. Ein Zweifler ist das Verlieren gewohnt. Großmut entwickelt sich aus Selbst-Bewusstsein und einem klaren Selbst-Verständnis. Stehen wir zu uns selbst, so werden wir unseren Bedürfnissen gerecht. Da sich unser Ich verwirklichen kann, können wir auch großzügig das Ich eines anderen Menschen akzeptieren und fördern.

»Werdet wieder wie die Kinder ...«

Lassen Sie sich nicht weiter entmutigen! Prüfen Sie Ihre Gedanken und Gefühle und verwirklichen Sie Ihre Vorhaben! Auch Sie sind ein Sieger und Gewinner!

Die Dummheiten des Lebens

Bin ich blöd, dass ...; ich bin zu dumm zu ...« – Menschen bezeichnen sich selbst als zu dumm. Die Selbstverurteilung ist eigentlich ein Schutz vor Verurteilung. Menschen setzen sich selbst herab, damit es die anderen nicht tun müssen. Man macht sich sozusagen selbst geistig klein. »Dafür bist du zu dumm ...« Dieser Satz hinterlässt tiefe Spuren.

In Wahrheit gibt es nichts Dummes, sondern bloß falsch Verstandenes!

Wer sich dumm stellt, gibt den anderen das Gefühl, dass sie es besser können. Diese fühlen sich geehrt und der andere ist von der Aufgabe befreit. Wer ist nun der Dumme?

Doch Dummheit ist auch gefährlich. Dies ist immer der Fall, wenn eingebildete Menschen meinen, sie wären so gescheit und die anderen wären ganz einfach zu dumm zu merken, was sie in Wahrheit vorhaben. Doch wer denkt, der andere wäre dumm, ist selbst irgendwann der Dumme!

Dummheiten machen nur für den einen Sinn, für den anderen sind sie sinnlos. Dummheit ist ein relativer Zustand.

Dummheit hat überhaupt nichts mit dem Intellekt zu tun.

Bildung heißt, dem anderen zutrauen, dass er selbst denken kann.

Es gibt Menschen, da führt die jahrelange Ausbildung zur Einbildung, mit der man andere für dumm erachtet.

Wahre Bildung besteht aus Herz und Verstand!

Sage mir, mit wem du gehst,
und ich sage dir, wer du bist
und wo du stehst ...

Menschen leben zusammen und tauschen sich aus.
Dies geschieht bewusst und unbewusst. Der gegenseitige
Einfluss ist nicht zu unterschätzen! Da die Schwingung
(Ausstrahlung) des Menschen durch die Art seiner Gedanken und Gefühle entsteht (Energiekörper), bestärken oder
schwächen Menschen einander ihre Energien. Gewisse
Kontakte bestärken uns, andere wiederum schwächen die
eigene Energie. Unbewusste Menschen nehmen die Gedanken anderer Menschen auf; sie lassen sich durch deren
Gefühle beeinflussen! Daher beeinflusst der tägliche zwi-
schenmenschliche Kontakt Menschen maßgebend in ihrer
Lebensweise. Leider übernehmen viele Menschen nur allzu
leicht die schlechte Meinung eines anderen. Dies führt zu
vielen Missverständnissen und fördert immer wieder neue
Missstände!

Mentalität ist Gruppendenken, sie bringt gemeinsames
Denken zum Ausdruck. Man spricht von der Mentalität
eines ganzen Volkes, der Mentalität in der Familie, in einer
Sache usw.

Man kann sich glücklich schätzen, viele verständnisvolle Menschen um sich zu haben. Wer versteht, der wird auch verstanden. »Ich bin glücklich, dass ich dich kenne!« Das Zusammensein kann das Leben so reich machen.

Fühlen Sie sich nach bestimmten Kontakten ermutigt und gestärkt? Oder fühlen Sie sich eher müde, deprimiert und entmutigt? Lassen Sie sich Ihre Freude nicht mehr vermiesen! Halten Sie an Ihren positiven Gedanken und Gefühlen fest, indem Sie sich selbst ein Bild machen! Denken Sie immer selbst! Lassen Sie sich nicht weiter durch die Sichtweise anderer entmutigen! Entscheiden Sie immer bewusst und erkennen Sie, wer und was Sie stärkt!

Wollen wir die Gewohnheit auflösen, müssen wir Ungewöhnliches zulassen können.

Zum Glück allein?

Manchmal lässt sich das Glück in einem Moment des Alleinseins erkennen. Das wahre Glück im Leben ist das Sich-selbst-Finden. Haben wir zu uns gefunden, so können wir unsere wahren Werte zum Ausdruck bringen.

Am Ende unseres Da-Seins können wir dann sagen: »Ich habe mich ganz gefunden und bin nun befreit vom Zwang der Suche.«

Wir brauchen immer wieder Zeiten für uns, in denen wir wieder zu uns zurückfinden. Die alltäglichen Anforderungen können uns manchmal von uns selbst ablenken. Wir sind dann nicht mehr wir selbst.

Zum wahren Glück gehören immer zwei!

Denken Sie auch, Ihr Glück wäre maßgeblich von Ihrem Umfeld abhängig? Denken Sie, dass nur ein bestimmter Mensch Sie wirklich glücklich machen kann?

Wahres Glück entsteht aus dem gegenseitigen, liebevollen Verständnis, das viele Worte überflüssig macht. Fühlt sich ein Mensch richtig gut verstanden, so entsteht in ihm ein Glücksgefühl. Wir müssen unser Glück mitteilen können! Geteilte Freude bringt doppeltes Glück! Es ist ein natürliches Bedürfnis, das Glück mit einem anderen Menschen zu teilen! Oft wird Glück verhindert, weil einer dem anderen das Glück nicht gönnt. Es gibt sehr viele Menschen, die sich darüber freuen, wenn einer nicht glücklich ist. Gerade bei Trennungen kommt dies häufig vor. Ein missgünstiger Mensch verwünscht dem anderen sein Glück. Doch genau dieses Verhalten macht weiter unglücklich. Wenn wir uns herzhaft über das Glück anderer Menschen freuen können, so sind wir selbst bereits auf dem besten Weg zum Glück!

Sind Sie auch ein Glückskind? Oder bezeichnen Sie sich eher als Pechvogel?

Pechvögel sehen immer alles schwarz! In der Dunkelheit fällt Orientierung schwer.

Glückskinder sehen alles glänzen! Das Licht weist uns jeden Tag den Weg und zeigt uns immer wieder neue Möglichkeiten!

Danke – das Wunderwort

Menschen glauben, sie müssten sich bedanken. Doch genau diese Einstellung ist in ihrem Grundsatz falsch. Wenn wir DANKE sagen »müssen«, obwohl wir eigentlich ein Geschenk erhalten haben, kann ja etwas nicht stimmen. Geschenke scheinen zu verpflichten und daher kann man sich nicht aus vollem Herzen freuen und herzlich Danke sagen. Das Leben ist ein großes Geschenk. Wer sich darüber freut, kann sich jeden Tag bedanken.

Schenken Sie gerne? Und haben Sie Lust, noch mehr zu schenken, weil der Beschenkte große Freude zeigt? Oder haben Sie keine Lust, noch mehr Geschenke zu machen, weil man diese achtlos beiseitelegt?

Wer jeden Tag Danke sagt, der wird vom Universum reich beschenkt. Wer Freude zeigt, dem wird man noch mehr Freude bereiten!

Danke ist das Zauberwort, das die Tat eines anderen Menschen schätzt! Danke ist Achtsamkeit und Bewusstsein. Danke ist das Zauberwort für ewigen Reichtum!

Menschen sollten einander mehr achten und sich gegenseitig Danke sagen, für das alltägliche Tun. Es gibt so viele Hausfrauen, die sich jeden Tag Gedanken machen, was ihre Lieben zu Hause essen wollen. Sie gehen einkaufen, schleppen die Einkaufstüten nach Hause, packen aus, ordnen alles ein, rüsten die Nahrung für die Zubereitung, kochen, decken den Tisch und »zaubern« eine Mahlzeit, räumen wieder ab, spülen das Geschirr und machen die Küche sauber. *Sehen Sie, wie viele Taten für eine einzige Mahlzeit notwendig sind? Sagen Sie Danke für das, was Ihre Frau, Ihre Mutter, Ihr Partner jeden Tag selbstverständlich für Sie tut?*

Genau das alltägliche Tun sollte uns zum Dankesagen veranlassen.

Danke, dass ... Dies könnten wir jeden Tag tausendfach sagen!

Zählen Sie die Geschenke – nicht die Probleme!

Du machst mich glücklich!
Du machst mich krank!

Machen wir unser Glück und unser Unglück von bestimmten Situationen abhängig? Zwang macht niemals glücklich. Menschen kränken sich durch Achtlosigkeit und lassen dennoch nicht voneinander los. Vorwürfe / Schuldzuweisungen verhindern Glücklichsein. Stumme Vorwürfe lösen Aggressionen aus. Der Mensch ist beleidigt und macht dem Gegenüber das Leben genauso leidvoll.

Kranksein wird dem anderen zum Vorwurf gemacht. »Du hast ‚etwas' falsch gemacht, sonst wäre ich nicht krank geworden!« Krankheiten stehen für Hilflosigkeit. Krankheiten fordern Hilfestellung.

Was macht Sie wirklich glücklich? Was macht Sie krank?

Sobald wir gründlich darüber nachdenken, finden wir die entsprechende Lösung. Doch dazu müsste man zuerst das negative Gefühl der Hilflosigkeit loslassen.

Aller guten Dinge sind drei!

Die Zahl 3 ist eine wahre Glückszahl. Glück entsteht aus drei Dingen: Idee, Gefühl und Tat!

In vielen Märchen hat immer der Dritte Glück! Warum? Der dritte Königssohn hat aus den Fehlern seiner zwei Brüder gelernt und erobert schlussendlich die Prinzessin und ihr Reich. Was verhilft uns zu unserem Glück? Wenn wir bewusst auf unsere Gedanken achten und diese mit dem Geschehen um uns herum vergleichen, so finden wir die entsprechende Klarheit. Demzufolge können wir voneinander sehr viel lernen. Jeder kann ein Lehrer für den anderen sein. Wir können so viel voneinander lernen und dabei gewinnen!

Gestalten Sie die Ideen für Ihr Glück! Stellen Sie sich etwas vor, was Sie glücklich machen könnte! Denken Sie gründlich darüber nach und stellen Sie sich vor, wie Sie sich fühlen werden, wenn Ihr Glück eintrifft. Nun verlassen Sie diesen »Tag-Traum« nicht mehr und schneller als Sie denken können, wird er zur Realität!

Ich sehe, wie alles wächst!
Ich sehe, wie alles zerfällt!

Wenn man einmal Glück hat, wird man immer wieder Glück haben. Der Anfang ist nicht immer ganz leicht, vor allem dann, wenn man vom Pech verfolgt war.

Pechvögel *fühlen* sich verfolgt! Pechvögel sehen immer nur die Dinge, die nicht gelingen, die zerfallen und die zu Ende gehen und keine Fortsetzung haben.

Glückskinder sehen in jeder Situation die Chance zum Weiterkommen!

Sehen Sie das Wachstum und was daraus entsteht, und Sie erkennen Ihr Glück, dabei zu sein!

Ich will einfach nicht mehr alleine sein!

Sehr viele Menschen sind auf der Suche nach dem Glück zu zweit! Das wahre Liebesglück stellt sich von selbst ein, sobald wir uns selbst lieben. Doch solange wir ein Problem mit uns selbst haben, werden wir auch wieder den gleichen, entsprechenden Partner anziehen. Glückliche Menschen ziehen glückliche Menschen an! Unglückliche Menschen kennen ihr Unglück und können sich Glück nicht wirklich vorstellen. Sie gehen fortlaufend neue Kompromisse ein, bis ihr Leben ganz eingeschränkt endet. Die Angst vor dem Alleinsein ist so groß, dass sie sogar mit einem Partner zusammenleben, mit dem sie nicht glücklich werden können. Die Angst davor, alleine dazustehen, führt irgendwann genau dazu. Da man aber den Wunsch hatte, nie mehr alleine zu sein, wird man in einem Altersheim oder Pflegeheim landen, wo man zu keiner Zeit mehr alleine ist. Im schlimmsten Fall teilt man das Zimmer mit weiteren Menschen, die genau die gleiche Angst in sich getragen haben. Der Wunsch – nie mehr alleine zu sein – ist nun in Erfüllung gegangen!

Sagen Sie: Ich stelle mir vor, mit einem geliebten Menschen gemeinsam das Leben in einer liebevollen Partnerschaft zu leben, in der ein reger geistiger Austausch, ein

liebevoller Umgang und gegenseitige Achtung Alltag sind.
Ich stelle mir vor, wie ich mit meinem Herzallerliebsten die
Welt jeden Tag neu entdecke und wir unser Glück gemein-
sam genießen!

Glück muss man haben ...

Können ist eine Sache, die durch Wissen und Erfahrung zum Ausdruck kommt. Und kommt noch eine Portion Glück dazu, dann schaffen wir alles, was wir wollen.

Sture, unbelehrbare Menschen stehen ihrem eigenen Glück im Wege. Sie wollen ihr Glück nicht sehen und glauben auch nicht daran, dass sie jemals Glück haben. Selbst wenn man sie auf ihr Glück aufmerksam macht, wehren sie sich vehement dagegen. Dabei werfen sie anderen deren Glück noch vor.

Sagen Sie: »Ich habe immer Glück!«

Freuen Sie sich über Ihr Glück!

Selbstmitleid – Vorwurf an das Glücklichsein anderer Menschen?

Ein großer Teil der Menschheit ist Leiden gewohnt. Ja, man kann fast sagen, dass man sich ein Leben ohne Leid gar nicht vorstellen kann. Glück ist für Leid gewohnte Menschen bereits, wenn sie nicht allzu sehr leiden müssen und das Leben einigermaßen erträglich ist. Wenn es einem Menschen gut geht, so sagt man: »Der hat ganz einfach Glück gehabt.« Unglückliche Menschen halten an ihrem Leid fest. Man sieht das Glück anderer, doch sich selbst traut man kein Glück zu. Also ist das Leid alles, was man hat. Leid kann genauso ein Lebensinhalt sein wie Glück. Man gönnt sich ja sonst nichts! So ist das Leben eher zum Weinen, als dass es etwas zu lachen gäbe. Der Mensch ertränkt sich im Selbstmitleid; er nimmt sich selbst das Leben.

Mit dem Glück-Haben ist es so eine Sache ...

... Mal hat man es und mal hat man es nicht! *Vertrauen Sie auf Ihr Glück, es ist zu jeder Zeit möglich.* Es gibt so viele glückliche Momente im Leben. Damit das Glück sichtbar wird, braucht es Vertrauen auf das Glück.

Bestellen Sie Glück und Sie werden Glück haben! Dazu ist es allerdings notwendig, dass Sie »Glück in einer Sache« (Beziehung, Arbeit, Geld, Gesundheit, Operation usw.) bestellen!

»Ich wünsche mir Glück in der Sache ...«

Generell Glück zu wünschen ist dumm, da Glück eine bestimmte Sache ist!

Ich verlange Beweise

Der Verstand will Beweise sehen. Wer immer den Beweis sucht, an dem geht das Leben vorbei; er verpasst immer den richtigen Moment. Das Leben liefert täglich Beweise, doch Menschen wollen diese nicht sehen und wahrhaben. Selbst, wenn etwas noch so sicher und einfach ist, zweifeln sie an dem, was sie sehen und was ist. Misstrauische Menschen blockieren ihr eigenes Glück und Glücklichsein.

Kein Mensch muss einem anderen Menschen etwas beweisen. Ungläubige Menschen wollen dauernd Beweise sehen, bevor sie etwas zulassen. Dies macht ihre innere Unsicherheit und ihr Abgespaltet-Sein deutlich. *Finden Sie wieder zurück zu Ihrer eigenen Sicherheit! Denken Sie in Ruhe über alles nach, bevor Sie ein Urteil fällen. Denn ansonsten nehmen Sie sich selbst die Chance für ein neues Glück!*

Ich zweifle an mir und an allem, was ich denke!

Der Mensch stellt sich selbst in Frage. Zweifel macht jegliches Glücklichsein unmöglich. Selbst wenn ein Zweifler einmal Glück hat und dies offensichtlich ist, so kann er immer noch nicht an sein Glück glauben und zweifelt es sogar dann noch an. Manchen Menschen scheint man ganz einfach nicht helfen zu können. Es ist zum Verzweifeln, wie viele Menschen ihr Glück nicht sehen. Ja, sie streiten es noch ab. (Zum Glück kann man ja noch streiten!) Jeder Mensch hat Glück und sollte sein Glück nutzen. Wer sein Glück nicht nutzt, den verlässt es mit der Zeit.

Glück und Unglück – darüber entscheiden wir in Wahrheit selbst.

Ich erlaube mir ... zu sein!

Wer sind Sie? Was sind Sie? Haben Sie schon einmal darüber nachgedacht? Vielleicht wissen Sie im Grunde nicht, wer Sie sind, sondern kennen lediglich Ihren Namen und Ihr Geburtsdatum und ein paar andere Dinge? Definieren Sie sich über Ihren Beruf?

Die wahre und bewusste Selbsteinschätzung zieht die Aufmerksamkeit des Umfeldes auf sich. Die eigene Fehleinschätzung könnte sogar zum Verhängnis werden. Der Mensch wird immer als das gesehen, als was er sich selbst sieht. Die eigene Ansicht und Einsicht prägen die Sichtweise des Umfeldes. Die innere Wahrheit dringt nach außen. Menschen täuschen mit ihrem Äußeren manchmal »Dinge« vor, die sie gar nicht sind. Sie werden nicht wirklich ernst genommen. Man macht sich selbst lächerlich, wenn man versucht zu sein, was man nicht ist. Doch wer sich im Innersten erkennt, erkennt die eigene Großartigkeit und diese wird sozusagen ans Licht kommen. Man strahlt aus, was und wer man ist. Menschen sind eigentlich mehr wert, als sie selbst denken.

Schätzen Sie sich selbst! Sie sind wertvoll!

»Ich schätze mich glücklich, zu sein, was ich bin!«

Glück im Unglück!

Manchmal stellt sich ein Unglück im Nachhinein als Glück heraus. Da die Menschen göttliche Wesen sind und geliebt sind – auch wenn viele dies nicht wahrhaben wollen –, sind sie begleitet von unsichtbaren Wesen, die zu ihrem Glück beitragen. »Zum Glück hatte ich einen guten Schutzengel.« Glück im Unglück, das muss man haben. Wer das Unglück nicht nur einseitig sieht, der wird irgendwann wieder zum Glück zurückfinden. Alles hat auch immer etwas Gutes, selbst wenn es manchmal sehr schwierig ist, dies zu erkennen.

Zum Glück ...

...»Gibt es ja noch dich!« In schwierigen Zeiten lernt man Freunde zu schätzen. In schwierigen Zeiten ist man froh, Beziehungen zu haben. Schätzen wir unsere Freunde und Mitmenschen, so können wir in unserem Alltag neues Glück erleben. Das kleine Glück wird im Alltag oft übersehen.

»... kann ich noch das!« In schwierigen Zeiten ist man gezwungen, sich auf das Wesentliche zu besinnen. In schwierigen Zeiten muss man sich auf die eigentlichen Werte besinnen. Selbst in hoffnungslosen Zeiten lassen sich neue Werte entdecken.

Wir sind reicher, als wir manchmal denken!

Unschätzbarer Wert

Beginnen die Menschen, die Werte wieder wahrzunehmen, so werden sie die Zerstörung beenden. Man zerstört, was man nicht erkennt! Leider ist es so, dass viele Menschen ihre Werte erst erkennen, wenn sie diese bereits vernichtet haben. Bereinigen die Menschen ihre Gefühle, so sind sie wieder in der Lage, die vorhandenen Werte zu erkennen.

Schätzen wir die Gesundheit, solange wir noch gesund sind! Schätzen wir die Nahrung, solange wir noch zu essen haben! Schätzen wir unser Heim, solange wir noch ein Heim haben. Schätzen wir den Frieden, solange wir noch Frieden haben. Schätzen wir unsere Möglichkeiten, solange wir noch so viele davon haben! Schätzen wir unseren Partner, solange wir noch zusammen sind! Schätzen wir die Liebe, solange wir noch geliebt sind!

Setzen Sie diese Liste fort und – glauben Sie daran – Sie können Ihr Glück kaum fassen!

Ich schätze, dass ...

Das Glück ist kaum zu fassen!

Glück kann man nicht festhalten und muss man auch nicht festhalten. Wer einmal Glück hat, der wird vermutlich immer Glück haben.

Speichern Sie die glücklichen Momente und Sie werden feststellen, Glück wird alltäglich!

Wer sein Glück erkennt, ist ein glücklicher Mensch, denn er hat den Schlüssel zu allen Schätzen des Lebens gefunden!

*D*en einen wird das Glück
in die Wiege gelegt ...

*P*flegen die Eltern ihr eigenes Glück, so können sie ihren Kindern das Glück auf dieser Welt vorleben. Die Erfahrungen in der Kindheit haben Wirkung auf das ganze Leben. Kinder fühlen sich immer dann am glücklichsten, wenn sie spüren, dass ihre Eltern glücklich sind. Kein Kind fühlt sich wirklich wohl, wenn seine geliebten Eltern unglücklich zusammenbleiben.

Wann waren die glücklichsten Momente in Ihrer Kindheit? Was war in Ihrer Kindheit das größte Glück?

Kinder sind unser Glück, da sie mit neuem Mut, großer Liebe und unendlichem Vertrauen ins Leben treten. Das kindliche Sein ohne Zweifel bringt hervor, was Menschen im Alltag verloren haben.

*J*edes große Glück
hat einmal
klein angefangen!

163

... hoffen,
dass alles ein glückliches Ende hat

Insgeheim hofft jeder Mensch, dass sein Leben ein glückliches Ende hat. Das Glück am Ende des Lebens ist das Kapital für das nächste Leben. Wie etwas endet, so beginnt es wieder. Daher sind wir immer bestrebt, dass alles, was wir tun, ein glückliches Ende nimmt.

Ihr wahres Glück wurzelt in Ihren Gedanken und Gefühlen. Die bewusste Kombination entscheidet über das Maß an Glück!

Denken Sie daran, Glück ist ein Gefühl und nur möglich, wenn Sie Ihre Gefühle jeden Tag aufs Neue bereinigen. So wird sich Ihr Anfangsglück fortsetzen!

Viel Glück!

Schlusswort

Manchmal kann man wirklich von Glück sagen, dass nicht alles, was sich ein Mensch wünscht und vorstellt, sofort eintrifft. Wir sind umgeben von vielen unsichtbaren Kräften im Universum, die tagtäglich mithelfen, dass Glück in unserem Leben möglich ist. Doch vor der Sturheit und Engstirnigkeit müssen selbst diese Kräfte kapitulieren. Der Wille eines Menschen ist das höchste Gesetz im Universum. Der persönliche Wille wird zu allen Zeiten beachtet!

Wenn einer nicht will, so kann man ihm das ganze Glück vor die Füße legen und er erkennt es dennoch nicht.

Ich wünsche Ihnen unzählige glückliche Momente und ewig glückliche Zeiten! Aus tiefstem Herzen sage ich **DANKE**, dass Sie sich die Zeit genommen haben, neues Glück zu erfahren.

Die Autorin

Franziska Krattinger (1957–2013) hatte schon seit frühester Jugend die Fähigkeit, Auren von Menschen und Tieren zu sehen. Daraus entwickelte sie u. a. Einsichten über das Zusammenwirken aller Dinge. Über 20 Jahre lang setzte sie ihre Fähigkeiten erfolgreich für die Beratung von Menschen in vielen Berufen ein und gab außerdem Seminare in Lebens- und Bewusstseinsentwicklung.

www.franziskakrattinger.com

Weiterführende Informationen zu
Büchern, Autoren und den Aktivitäten
des Silberschnur Verlages erhalten Sie unter:
www.silberschnur.de

Natürlich können Sie uns auch gerne den
Antwort-Coupon aus dem beiliegenden
Lesezeichenflyer zusenden.

Ihr Interesse wird belohnt!

168 Seiten, Klappenbr.
ISBN 978-3-89845-152-9
€ [D] 10,90

Franziska Krattinger

Ein Wort genügt!

... sich einfach umprogrammieren

Schalten Sie einfach um! – Manchmal genügt ein einziges Wort, um verborgene Haltungen ans Licht zu bringen oder Einstellungen zu ändern. Dabei gibt es spezielle Worte, die gleichsam eine magische Wirkung haben, da sie die Schlüssel zu unserem Unterbewusstsein sind: Schaltworte.

Schalten Sie einfach um! – und beobachten Sie die Veränderungen in Ihrem täglichen Leben, ohne dass Sie bewusst daran denken oder eine Vorstellung der Lösung haben müssen. Nutzen Sie die Kraft, eine Situation augenblicklich im besten und idealen Sinn zu verändern.

144 Karten mit Kurzanleitung,
inkl. Miniposter, in Box
EAN 4260075280-28-8
€ [D] 19,95

Franziska Krattinger

Die Kraft der 144 Schalt- und Machtworte

Es ist schwer, eingefahrene Wege zu verlassen und wirklich etwas in seinem Leben zu verändern.

Die 144 wirkungsvollen Karten mit Schalt- und Machtworten helfen dabei, denn sie erwecken die uns innerwohnende positive Macht zur selbstbestimmten Veränderung von Situationen und Vorhaben. Eines dieser Worte genügt bereits, um einen unterbrochenen energetischen Fluss wieder zum Laufen zu bringen und so alles zum Besten zu lenken!

Schalten auch Sie einfach um – und beobachten Sie die positiven Veränderungen in Ihrem täglichen Leben. Sie haben WIRKLICH die Macht dazu!

160 Seiten, broschiert
ISBN 978-3-89845-054-6
€ [D] 9,90

Franziska Krattinger

Erfolgsrezepte

Greife nach den Sternen, wenn du wachsen willst!

Menschen leben in ihren Gewohnheiten, und sie wiederholen sich ständig. Um seine Gewohnheiten, die allein aus fixiertem Denken entstehen, zu ändern, muss der Mensch zuerst auf andere Gedanken kommen. Denn andere Gedanken bringen neue Vorstellungen, und neue Vorstellungen bringen neue Lebenssituationen. Die richtige Einstellung macht jeden Menschen zum Gewinner! Franziska Krattinger hilft den Menschen, auf andere Gedanken zu kommen und so ihr Leben mit wahrer Freude, tiefer Liebe und verstärktem Bewusstsein dauerhaft zu verändern, um sich so den Weg durch den Alltag zu erleichtern.

192 Seiten, Klappenbr.
ISBN 978-3-89845-136-9
€ [D] 11,90

Franziska Krattinger

Das Leben geht weiter ... und DU?

Wissen Sie, was Schaltworte sind? Sind Sie in der Lage, durch Reden Macht zu bekommen? Beherrschen Sie die Körpersprache?
Lernen Sie mit Hilfe dieses kleinen Ratgebers, Ihre realen wie auch Ihre nonverbalen Äußerungen sowie die Ihres Umfelds zu entschlüsseln – und werden Sie zu einem bewussten Menschen, der nicht auf alles »antwortet«, also reagiert, sondern der nur agiert, wenn es seinem persönlichen Willen entspricht.

152 Seiten, broschiert
ISBN 978-3-89845-266-3
€ [D] 6,95

Franziska Krattinger

Die 7 universellen Gesetze

Spielregeln für ein Leben in Vielfalt

Das Leben folgt universellen Gesetzen. Wer diese begreift, kann sich alle Lebensformen, Situationen und Realitäten erklären. Diese universellen Gesetze gelten auf allen Ebenen und in allen Bereichen. Niemand kann sich ihnen entziehen.

Dieses Handbuch vermittelt durch praktische Übungen und gelebte Beispiele aus dem Alltag die entscheidenden Spielregeln für ein Leben in Fülle! Es zeigt, wie man seine Kraft am besten einsetzt, um seine Ziele stets zu erreichen. Die beschriebenen Gesetze gelten für alle – und wer sie beherrscht, ist somit Herr über seine Realität.

184 Seiten, broschiert
ISBN 978-3-89845-446-9
€ [D] 12,95

Christian Scheurer

Wünsche wirklich wollen

Mythos und Praxis

Das Schlüsselbuch zur Wunscherfüllung

Wir alle haben Wünsche, die wir gerne erfüllt sehen würden. Doch die wenigsten von uns bekommen, was sie beim Universum bestellt haben.

Erfolgscoach Christian Scheurer geht in diesem Buch auf die Nichterfüllung von Wünschen ein und zeigt, welche Elemente der Verwirklichung unserer Wünsche im Weg stehen. Auf einzigartig lockere Art und Weise zeigt er, wie jeder das Kunststück hinbekommt, diese Hindernisse auszuräumen – wenn er es nur richtig angeht.

Mit Christian Scheurers leicht verständlichen Schritt-für-Schritt-Anleitungen gelingt es auch Ihnen, dass Ihr Wunschknoten endlich platzt!

152 Seiten, mit Abbildungen,
4-fbg., Klappenbroschur
ISBN 978-3-89845-437-7
€ [D] 14,95

Nathalie Bodin

Ho'oponopono

30 Formeln zur Lösung von Konflikten

Entdecken Sie Ho'oponopono ganz praktisch für Ihren Alltag. Nathalie Bodin konzentriert sich auf das Wesentliche im hawaiianischen Vergebungsritual: Die Lösung von Konflikten, wie dies in seinen historischen Anfängen der Fall war. Sie hat das ursprüngliche Ritual wiederaufgegriffen und an das moderne westliche Leben angepasst. Sie bringt uns Ho'oponopono nahe, indem sie uns an 30 alltäglichen Situationen zeigt, wie wir Konflikte erfolgreich mit der Energie des Verzeihens und des Reinigens auflösen können.
Entdecken Sie Weisheit des Ho'oponopono, die auf jeden Konflikt auch in Ihrem Leben anwendbar ist!

120 Seiten, 2-fbg., broschiert
ISBN 978-3-89845-452-0
€ [D] 12,95

Silke Gramer-Rottler

Was uns alle trägt

*Die Kraft des Urvertrauens in einer
reizüberfluteten Welt*

Wir leben in einer schnelllebigen Welt, in der Hektik, Ignoranz und Ängste unseren Alltag bestimmen.
Silke Gramer-Rottler zeigt uns, wie wir zurückfinden können zur berühmten Leichtigkeit des Seins. Sie erklärt uns, wie wir in unserem Leben wieder Raum schaffen können für die wesentlichen Dinge und wie dadurch die ganzen Unsicherheiten des Alltags verschwinden.
Dieses inspirierende Buch fordert uns alle auf, innezuhalten in unserer schnelllebigen, reizüberfluteten Welt und uns auf den Weg zu machen, unseren Ängsten zu begegnen, um zu erfahren, dass das Leben uns trägt.